基本５文型

　英語には「語の並び方」にしっかりとしたルールがあります。「語の並び方」は基本的に５つの型（パターン）があり、これを「基本５文型」といいます。これは英文法の基礎の基礎ですから、下図を参考にして完璧に覚えましょう。動詞（V）が何かによってほぼ文型が決まるので、動詞の理解は非常に重要です。

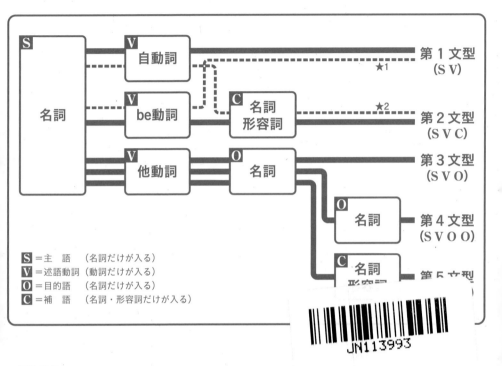

S ＝主　語　（名詞だけが入る）
V ＝述語動詞　（動詞だけが入る）
O ＝目的語　（名詞だけが入る）
C ＝補　語　（名詞・形容詞だけが入る）

■注意点
★1…「be動詞」は基本的に「第2文型」をとるが、「**存在（～にある、～にいる）**」の意味で使う場合は「**第1文型**」をとる。例：My school **is** near the station.（私の学校は駅の近く**にある**。）
★2…「自動詞」は基本的に「第1文型」をとるが、become〔～になる〕、look〔～に見える〕など、「**S＝C**」を表す自動詞は「**第2文型**」をとる。例：He **became** a doctor.（彼は医者**になった**。）

■重要ポイント
＊各文型の後ろには、修飾語が来る場合も多いが、文型には直接関係ない。
＊基本的に、英語は主語で始まる。主語の前に副詞（のかたまり）などの修飾語が入ることもあるが、文型には直接関係ない。
＊上図の「名詞」の前後には、その名詞を修飾する様々な語（形容詞の働きをする語）が付く場合も多いが、それら全体で「名詞」のかたまりだと考えること。
＊以下の文は、上記の「基本5文型」の例外。そのまま覚えること。
　①「**There is[are]** .....」の文
　②「**It is** .....」の文
　③感嘆文（How ... (S V)！／What a[an] ... ～ (S V)！）など
＊疑問文・否定文・命令文などは、この「基本5文型」が変形した文であるため、「例外」にはあたらない。

英文法
レベル別問題集
3訂版

3 標準編

東進ハイスクール・東進衛星予備校 講師
安河内 哲也
YASUKOCHI Tetsuya

東進ブックス

まえがき

　受験生の皆さん，「英文法レベル別問題集」の世界へようこそ。このレベル別問題集シリーズは，「今の自分のレベルから無理なく始めて，志望校のレベルまで最短距離で実力を引き上げる」というコンセプトで作られています。

　また，すべての問題に一切の無駄を省いた的確な解説を付けることで，次々と解き進めるスピード感を保ちながら，自分のペースで独習できる問題集になるよう，さまざまな点に配慮して制作されました。

　どんな学習においても，スモールステップで，地盤を固めながら自分の実力レベルを引き上げていくことが，最も確実で，最も効率的な方法です。

　本シリーズでは，1 冊で全レベルをカバーするのではなく，6 段階（①～⑥）の「レベル別」の問題集にすることで，個人のレベルに応じた，きめの細かい効率的な学習を可能にしました。

　例えば，有名私大・国立大学を目指す人は，レベル③・④で基礎を固め，最終的にレベル⑤を学習するとよいでしょう。また，英語をもう一度基礎からやり直したいと考えている人は，レベル①・②から学習を始めてください。

　このように，右ページのレベル対照表などを参考にしつつ，自分の今のレベルと志望校レベルに合った学習をおすすめします。下は公立高校受験レベルから，上は難関大学入試レベルまで，皆さんの現段階のレベルに合わせて使用できるようになっています。

　なお，今回の改訂によって，デザイン・内容等が一新されました。本書の洗練された見やすさ・使いやすさ，そしてわかりやすさを実感していただければ幸いです。さらに，単に「文法問題を解いて終わり」にするのではなく，ぜひ，本書に新しく追加された音声や動画を活用して繰り返し音読してください。最終的には，本書の問題文（英文）を耳で聞いてすべてわかるようになることを目指しましょう。

　このレベル別問題集シリーズを 1 つずつこなしていくたびに，自分の英語力が確実に一段ずつ上がっていくのを感じることでしょう。ぜひ，本シリーズで皆さんの英語力を高め，合格への階段を一段ずつのぼってほしいと思います。

著者

▼志望校レベルと本書のレベル対照表

難易度※1	偏差値※1	志望校レベル※2 国公立大(例)	私立大(例)	本書のレベル(目安)
難 ↑	〜67	東京大	国際基督教大(教養),慶應義塾大(商,理工,看護医療),早稲田大(法,社会科,人間科,基幹理工,創造理工,先進理工)	⑥最上級編
	66〜63	東北大	上智大(経済,総合グロ),青山学院大(文,経済,理工,社会情報),明治大(商,政経,文,農,経営,国際日本,総合数理),中央大(法,経済,商,理工,文,総合政策,国際経営,国際情報),同志社大(文,社会,商,経済,法,政策,文化情報,理工,スポ健,心理,グロコミュ,グロ地域,生命医科,神)	
	62〜60	名古屋市立大(薬),千葉大,静岡県立大(国際関係学部)	東京理科大(理,工,創域理工など),法政大(経済,社会,現代福祉,理工,デザイン工など),学習院大(法,文,経済,国際社会科,理),武蔵大(経済,人文,社会,国際教養),中京大(国際,文,心理,法など),立命館大(法,産業社会),成蹊大(文,理工)	⑤上級編
	59〜57	静岡大,高崎経済大,山形大,岐阜大,和歌山大,島根大,群馬大(情報学部,理工学部)	津田塾大(学芸,総合政策),関西学院大(文,社会など),獨協大(外国語,国際教養など),國學院大(文,神道文化,法など),成城大(社会イノベ,文芸など),南山大(人文,外国語など),武蔵野大(文,グローバルなど),京都女子大(文,発達教育など),駒澤大(文,医療健康など),専修大(経済,法など),東洋大(文,経済,理工など),日本女子大(文,家政,理)	④中級編
	56〜55	高知大,長崎大,鹿児島大,福島大(人文社会学群,農学群)	玉川大(文,経営,教育など),東海大(文,文化社会,法など),文教大(文,経営,国際など),立正大(心理,法,経営など),西南学院大(商,経済,法など),近畿大(法,経済,経営など),東京女子大(現代教養),日本大(法,文理,経済など),龍谷大(文,経済,経営など),甲南大(文,経済,法など)	
	54〜51	琉球大,長崎県立大,青森公立大,秋田県立大	亜細亜大(経営,経済など),大正大(文,仏教など),国士舘大(政経,法など),東京経済大(経営,コミュなど),名城大(経営など),武庫川女子大(文,教育など),福岡大(人文,経済など),杏林大(外国語など),京都産業大(経済など),創価大(教育など),帝京大(経済,文など),神戸学院大(経営,経済など)	③標準編
	50〜	職業能力開発総合大	大東文化大(文,経済,外国語など),追手門学院大(法,文,国際など),関東学院大(経済,経営,法など),桃山学院大(経済,経営,法など),九州産業大(経済,商,国際文化など),拓殖大(商,政経など),摂南大(経済,経営,法など),札幌大(地域共創学群など)	②初級編
易 ↓	ー	難関公立高校(高1・2生) 一般公立高校(中学基礎〜高校入門)	難関私立高校(高1・2生) 一般私立高校(中学基礎〜高校入門)	①超基礎編

※1:主に文系学部(前期)の平均偏差値。偏差値は,東進模試によるおおよその目安です。

※2:このレベル対照表には,2021〜2023年度の入試において文法問題が出題されていた大学・学部の一例を掲載しています。

改訂点と問題構成

　発売以来多くの受験生から支持を集め，ベストセラーとなったこの「英文法レベル別問題集」ですが，さらに優れた問題集になるよう，以下の点を徹底的に追求して改訂を行いました。

● 主な改訂点 ●

①デザインを一新し，より見やすく，シンプルで使いやすい問題集にした。
②「ポイント講義」の内容を増補・加筆修正し，例文も豊富に収録した。
③復習も含めてこの1冊でできるように，音声・動画を追加した。

　本シリーズは，旧版『英文法レベル別問題集【改訂版】』に引き続き，下記表のような問題構成になっています（収録している問題は，旧版と同一のものです）。英文法の全項目を，それぞれのレベルに合わせて何度も繰り返し学習することで，着実に得点力を上げていくことができるシステムになっています。

▶各レベルの文法項目と収録問題数

項目	①	②	③	④	⑤	⑥	合計
動詞	⑩	⑳	⑭	㉘	㉚	●	102 問
時制	⑩	⑩	⑭	⑭		●	48 問
助動詞	⑳	⑳		⑭		●	54 問
受動態	⑳		㉘			●	48 問
不定詞	⑳	⑳	㉘		⑩	●	82 問
動名詞	⑳	⑩	㉘	⑭	⑦	●	79 問
分詞	⑳	⑳	㉘	⑭	⑦	●	89 問
分詞構文			㉘	⑭	⑥	●	48 問
関係詞	⑳	⑳	㉘	㉘	㉚	●	126 問
比較	⑳	⑳	㉘	㉘	㉚	●	126 問
仮定法		⑩	㉘	㉘	㉚	●	96 問
名詞・代名詞	⑳	⑳		㉘	㉚	●	98 問
形容詞・副詞					㉚	●	30 問
前置詞・接続詞		⑳		㉘	㉚	●	78 問
否定					㉚	●	30 問
その他	⑳	⑳	㉘	㉘	㉚	●	126 問
合計	200 問	200 問	280 問	280 問	300 問	310 問	1570 問

※赤丸数字は問題数。「動詞・時制」など，1レッスンに2つの項目がある場合は問題数を二分割して計算。
※中間テスト（各レベルに計45〜60問あり）の問題数は含んでいません。
※レベル⑥の構成は文法項目ごとではない（問題形式ごとである）ため，問題数は表記していません。

レベル③の特徴

こんな人に最適！

☑ 入試標準レベルの文法力を身につけたい人

☑ 一般私大合格レベルの実力を身につけたい人

☑ 文法問題の実践的なトレーニングを積みたい人

レベル③の位置付け

レベル③は**入試標準レベルの英文法が完成**するレベルです。このレベルまで完成すれば，英文法の勉強にもずいぶん自信が出てくるでしょう。

このレベル③では，準動詞・関係詞・仮定法など，超重要項目が実戦レベルで網羅されているので，マスターすることで**大きな得点力アップが狙えます**。模試などでもよく出題される問題が数多く収録されていますから，問題をどんどん解いていくことで，皆さんは実力が高まっていくことを実感できるのではないかと思います。

全部マスターして，大幅得点アップ！

レベル③には，英文法学習の中核をなす重要事項がぎっしりと詰まっています。いわば**木の幹**にあたる部分なので，ここがしっかりしていれば，残りの枝葉を付けていく作業がずっと効果的で楽しいものになるでしょう。

英文法を理解することは，英語の長文を読むうえでも必須なので，このレベルを終えることによって読解への道も開けていきます。つまり，**英文法と長文読解において，大幅な得点アップが期待できる**ということです。

もう少しで大学受験レベルの英文法は完成！

レベル③の学習を終了すると，大学入試で出題される基礎的な文法問題であれば正しく解答できる力を身につけたといえるでしょう。

しかし，まだまだ「完璧」とはいえません。ここまで頑張って完成した皆さんは，ぜひレベル④にも挑戦してみてください。レベル④までいけば，合格のための基盤が十分に固まったといえるようになります。

本書の使い方

1 問題を解く

本書では，各レベルで必要な英文法を項目ごとに全10レッスンに分けています。各レッスンの最初に「学習ポイント」の講義があり，そのあと「問題」が収録されています。

● 本書全体の流れ ●

Lesson 01 ❶❷ ▶ Lesson 02 ❶❷ ▶ Lesson 03 ❶❷ 中間テスト ▶ Lesson 04 ❶❷ ▶ Lesson 05 ❶❷ ▶ Lesson 06 ❶❷ 中間テスト ▶ Lesson 07 ❶❷ ▶ Lesson 08 ❶❷ ▶ Lesson 09 ❶❷ ▶ Lesson 10 ❶❷ 中間テスト ▶ END

❶ポイント講義

各レッスンの最初に，そのレッスンで扱う内容について簡単な講義を行います。各レベルで，どの点に注意して学習を進めていけばよいのか，**学習のポイント**を明確にします。重要な語句・表現は，例文とセットで確認しましょう。

※3～4つのレッスンごとに中間テストがあります。それまでに扱った文法項目の中から出題されるので，❶と❷を復習してから取り組みましょう。

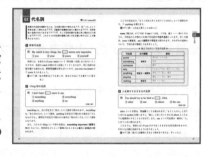

❷問題

各レッスンの問題数は28問です。入試問題のデータベースから，レベル・項目に応じて必要な良問を厳選して収録しています。問題には以下の3パターンがあります。

　①空所補充問題…英文の空所を補う
　②正誤問題………英文の誤りを指摘する
　③整序問題………英文を正しく並べ替える

※問題の一部を改編した場合は〈改〉と記してあります。

【問題（左ページ）】
間違えたり理解できなかったりした問題は□にチェックし，あとで再チャレンジしましょう。

＝このレベルで頻出する問題

＝このレベルでは難しい問題

【解答（右ページ）】
しおりや赤シートで隠し，1問ずつずらしながら学習することもできます。

きそ ＝基礎なので完全に理解したい解説

⚠ ＝要注意事項を述べた解説

2 音声・動画で復習する

　本書で学習した後は，付属の**「読み上げ音声」**と**「リスニング動画」**で復習しましょう。英文を繰り返し音読することで，リスニング力の向上にもつながります。**オーバーラッピング**（英文を見ながら音声と同時に音読する）や**シャドーイング**（音声を追いかけるように音読する）などに活用してください。

❶読み上げ音声の使い方

　「問題」で出題されているすべての問題文（英文・和訳）の読み上げ音声を聴くことができます（中間テストの問題を除く）。音声はレッスンごとに分けられており，「問1英文→問1和訳→問2英文→問2和訳→…」の順に流れます。音声ファイルの名称は下記のようにつけられています。

<u>01 LV3 Lesson01</u> .mp3
　　トラック名　レベル　　　レッスン

【音声の再生方法】

(1)**ダウンロードして聞く**（PCをお使いの場合）

　　「東進WEB書店 (https://www.toshin.com/books/)」の本書ページにアクセスし，パスワード「gWbLV3c7m」を入力してください。mp3形式の音声データをダウンロードできます。

(2)**ストリーミング再生で聞く**（スマートフォンをお使いの場合）

　　右のQRコードを読み取り，「書籍音声の再生はこちら」ボタンを押してパスワード「gWbLV3c7m」を入力してください。

　　※ストリーミング再生は，パケット通信料がかかります。

❷リスニング動画の使い方

　画面に問題文（英文・和訳）が表示され，それに合わせて「問1英文→問1和訳→問2英文→問2和訳→…」の順に音声が流れます。再生される音声は❶の読み上げ音声と同じものです。

> **Lesson 01**
> Q1
> She gets up at six every morning.
> 彼女は毎朝6時に起きる。

【動画の再生方法】

　右のQRコードを読み取ると，専用ページにアクセスできます。Lesson 01～Lesson 10が一覧になっているので，学習したいレッスンのURLを選んで視聴してください。専用ページをブックマーク（お気に入り）登録しておけば，本書を持ち歩かなくても復習ができます。

※本書に収録している音声は，アプリ「東進ブックス Store」の『英文法レベル別問題集【改訂版】』と同じ音声を使用しています。

▼本シリーズの学習内容全体図

① 超基礎編

01 動詞・時制
❶ 現在進行形　❷ 過去形
❸ 現在完了形

02 助動詞
❶ shall を使った文
❷ must の 2 つの意味
❸ had better の用法

03 代名詞
❶ 所有代名詞　❷ –thing形の名詞
❸ 人を表すさまざまな代名詞
❹ 再帰代名詞

04 受動態
❶ 受動態の作り方
❷ 受動態と時制　❸ by 〜 の省略
❹ made の後ろの前置詞の違い
❺ 感情を表す受動態

05 比較
❶ 比較級・最上級の作り方
❷ 比較の重要構文
❸ 不規則変化をする形容詞・副詞
❹ 基数と序数

06 不定詞
❶ 不定詞の基本 3 用法
❷ 疑問詞＋不定詞
❸ ... enough to V 構文
❹ too ... to V 構文
❺ 不定詞のみを目的語にとる動詞

07 動名詞
❶ 動名詞のみを目的語にとる動詞
❷ 前置詞の後ろの動名詞
❸ 主語の位置に来る動名詞

08 分詞
❶ 過去分詞　❷ 現在分詞
❸ 分詞の位置

09 関係代名詞
❶ 主格 (who, which, that)
❷ 目的格 (whom, which, that)
❸ 所有格 (whose)

10 その他
❶ 期間を表す前置詞
❷ 不可算名詞の数え方
❸ 疑問詞を用いた文

② 初級編

動
時

01 動詞
❶ 自動詞と他動詞
❷ 第 2 文型　❸ 第 5 文型

02 助動詞
❶ must not と don't have to の違い
❷ 助動詞の慣用表現
❸ 助動詞の推量の意味

03 不定詞・動名詞
❶ 不定詞の形容詞的用法
❷ 形式主語
❸ 動名詞のみを目的語にとる動詞

04 分詞
❶ Ving（能動の関係）
❷ Vpp（受動の関係）
❸ V＋O＋分詞
❹ Ving（現在分詞）と Vpp（過去分詞）

05 比較
❶ 比較級・最上級の作り方
❷ 比較級を使った基本表現
❸ 倍数表現　❹ 比較の強調
❺ 比較級・最上級で不規則変化を
する形容詞・副詞

06 関係詞
❶ 関係代名詞　❷ 関係副詞
❸ 関係代名詞の what と that の違い

07 前置詞・接続詞
❶ 前置詞 on の用法
❷ till[until] と by の違い
❸ 時を表すいろいろな前置詞
❹ 命令文, and[or] S V

08 時制・仮定法
❶ 副詞節の中の時制
❷ 現在完了形　❸ 仮定法

09 名詞・代名詞
❶ another の用法　❷ other の用法
❸ 不可算名詞　❹ 不定代名詞

10 その他
❶ 付加疑問文　❷ 感嘆文
❸ 注意すべき副詞

③ 標準編

時
動

01 動詞・時制
❶ 自動詞と間違えやすい他動詞
❷ まぎらわしい自動詞と他動詞
❸ 時・条件の副詞節

02 受動態
❶ 受動態の基本形　❷ 群他動詞の受動態
❸ 受動態の進行形
❹ 感情を表す受動態
❺ by 以外の前置詞が使われる受動態
❻ 受動態を使った書き換え

03 不定詞
❶ 不定詞の基本用法　❷ 形式主語
❸ 形式目的語　❹ 動詞＋O＋to V

04 動名詞
❶ to Ving の熟語
❷ 動名詞のみを目的語にとる動詞
❸ 目的語が不定詞か動名詞かで意
味の変わる動詞
❹ 受動態の動名詞・完了形の動名詞

05 分詞
❶「させる」という意味を持つ動詞
❷ 付帯状況の with
❸ have 〜 Vpp　❹ get 〜 Vpp
❺ 補語としての分詞

06 分詞構文
❶ 分詞構文の基本形
❷ 受動分詞構文　❸ 独立分詞構文

07 関係詞
❶ 関係代名詞の目的格
❷ 関係代名詞の what　❸ 関係副詞

08 比較
❶ 比較の強調
❷ 比較を使った最上級　❸ 倍数表現
❹ that of 〜 / those of 〜

09 仮定法
❶ 仮定法過去　❷ 仮定法過去完了
❸ 未来のことに対する仮定法
❹ 仮定法の基本形　❺ I wish .....

10 その他
❶ another の用法
❷ so＋be動詞 [助動詞]＋S
❸ 疑問詞の how と what の違い
❹ 混同しやすい名詞
❺ まぎらわしい前置詞

時
仮

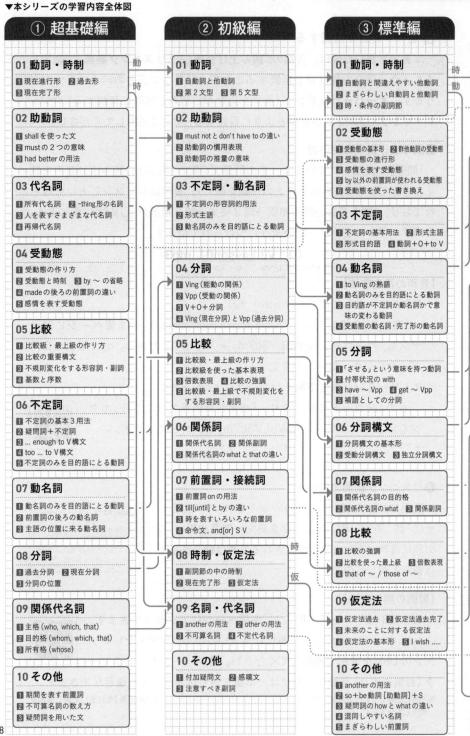

④ 中級編

01 時制・助動詞
1 時・条件の副詞節
2 助動詞の慣用表現
3 助動詞＋have Vpp

02 不定詞・動名詞
1 原形不定詞
2 結果の不定詞
3 動名詞を使った慣用表現

03 分詞・分詞構文
1 知覚動詞＋O＋Ving[Vpp]
2 make oneself Vpp
3 分詞構文の時制のズレ
4 能動分詞構文と受動分詞構文

04 比較
1 no more, no lessのイディオム
2 much lessのイディオム
3 the 比較級 ......, the 比較級 ..... の表現
4 「同様に・・・・・」を表す構文

05 関係詞
1 前置詞＋関係代名詞
2 非制限用法 　3 複合関係代名詞

06 仮定法
1 as if の構文
2 提案・要求・主張・命令の動詞を使った文（仮定法現在）
3 「〜がないならば」の表現

07 名詞・代名詞
1 指示代名詞 　2 不可算名詞
3 注意すべき不可算名詞
4 無生物主語構文

08 前置詞・接続詞
1 前置詞 in の用法
2 that の慣用表現
3 接続詞と前置詞の書き換え
4 接続詞and, or, butを使った慣用表現

09 その他
1 類似形容詞の識別
2 few と little 　3 almostの用法
4 時間やお金を表す文
5 部分否定と全否定

10 動詞の語法
1 多義動詞 　2 第2文型
3 動詞 O to V 　4 第4文型

---

⑤ 上級編

01 準動詞
1 分詞の形容詞的用法
2 分詞構文
3 動名詞のみを目的語にとる動詞

02 比較
1 as ... as any 〜
2 否定＋比較級
3 none the 比較級 for 〜

03 関係詞
1 関係代名詞の主格＋挿入句
2 前置詞＋関係代名詞の目的格
3 関係代名詞の what

04 仮定法
1 仮定法未来・倒置
2 仮定法の基本形
3 提案・要求・主張・命令の動詞を使った文（仮定法現在）

05 否定
1 準否定語 　2 部分否定
3 否定的な副詞句＋倒置

06 形容詞・副詞
1 形容詞の限定用法と叙述用法
2 まぎらわしい形容詞の識別
3 主語＋be動詞＋形容詞＋to V では使えない形容詞

07 名詞・代名詞
1 類似名詞の識別
2 名詞の持つ意外な意味
3 代名詞の those

08 前置詞・接続詞
1 to one's 感情名詞
2 前置詞＋抽象名詞
3 譲歩を表す as

09 その他
1 強調構文の疑問文
2 無生物主語構文
3 推量の助動詞 could, would

10 動詞の語法
1 注意すべき第2文型の動詞
2 第5文型で用いる動詞
3 注意すべき第4文型の動詞

---

⑥ 最上級編

01 空所補充問題
▶ 英文の空所にあてはまる，最も適当な語句を選ぶ問題

02 正誤問題
▶ 英文の中で，誤った英語表現を含む箇所を指摘する問題

03 整序問題
▶ 与えられた語句を並べ替えて正しい英文にする問題

04 その他
▶ 上記の形式以外の文法問題

※「⑥ 最上級編」は問題形式ごとにレッスンを分けています。これまでのレベルで学習した文法項目全体が出題範囲です。

→ 1つ上のレベルでつながっている文法事項

‥‥▶ レベルをまたいでつながっている文法事項

本シリーズの「⑤ 上級編」「⑥ 最上級編」は2024年夏頃発売予定です。「⑤ 上級編」「⑥ 最上級編」で扱うトピックは変更となる場合があります。

9

もくじ ⊕学習記録

＊問題を解いたあとは得点と日付を記入し，付属の「読み上げ音声」を聴いたり，「リスニング動画」を視聴したりして繰り返し復習しましょう。

● 本書で使用する記号 ●

S＝主語　　**V**＝動詞（原形）　　**O**＝目的語　　**C**＝補語　　**S V**＝文・節（主語＋動詞）
Vp＝過去形　　**Vpp**＝過去分詞　　**Ving**＝現在分詞（or 動名詞）　　**to V**＝不定詞
〜＝名詞　　... / …＝形容詞or副詞　　..... / ……＝その他の要素（文や節など）
[ ]＝言い換え可能　　( )＝省略可能　　※英文中の( )の場合
A / B＝対になる要素（品詞は関係なし）

10

LV3
STAGE-1

Lesson 01

Lesson 02

Lesson 03

動詞・時制

英文法を理解するうえで，一番大切なのが動詞の使い方を理解することです。まずは自動詞と他動詞の区別や，時制について見直しましょう。

1 自動詞と間違えやすい他動詞

> 問　At the meeting they started discussing ☐ .
>
> ① about his character　　② his character
>
> ③ of his character　　　④ on his character
>
> 〔桜美林短大〕

　動詞には，それ自体で動作が完結している**自動詞**と，動作の相手となる目的語（名詞）を必ず後ろにとらなければならない**他動詞**があります。他動詞の後ろには，「〜を，〜に」にあたる目的語（名詞）が必ず来なければならないので，前置詞が直後に付くことはできません。

　discuss は他動詞なので前置詞は必要なく，直接後ろに名詞が続くはずです。例題では② his character が discuss の目的語になっています。

　答⇒②（訳：その会合で，彼らは彼の性格について話し始めた。）

　ここでは，自動詞と間違って前置詞を付けてしまいそうになる他動詞をまとめておきます。

●　自動詞と間違えやすい他動詞　●

☐ marry　　　　　　　　　　＝〜と結婚する

　例 She wants to marry her high school boyfriend.
　（彼女は高校時代のボーイフレンドと結婚したいと思っている。）

....

☐ enter　　　　　　　　　　＝〜に入る

　例 He enters the classroom every morning at 8 a.m.
　（彼は毎朝 8 時に教室に入る。）

....

☐ discuss　　　　　　　　　＝〜を論じ合う

　例 We discussed SDGs in our class.
　（私たちは授業で SDGs について論じ合った。）
　※ SDGs ＝ 2030 年までに達成すべき持続可能な開発目標

....

☐ approach　　　　＝〜に近づく

例 The dog approached the stranger.
（その犬は見知らぬ人に近づいた。）

☐ mention　　　　＝〜を述べる

例 He mentioned his vacation during the conversation.
（彼は会話の中で彼の休暇について述べた。）

☐ attend　　　　＝〜に出席する

例 They will attend the meeting tomorrow morning.
（明日の朝，彼らは会議に出席する。）

☐ reach　　　　＝〜に達する

例 This train reaches a speed of 260 km/h.
（この電車は時速260kmに達する。）

☐ resemble　　　　＝〜に似ている

例 Emma's voice resembles that of a famous pop star.
（エマの声は有名なポップスターに似ている。）

2 まぎらわしい自動詞と他動詞

問　How long have you ☐ in bed?
① laid　　② lain　　③ layed　　④ lied
〔東北学院大（経−経）〕

　自動詞と他動詞でつづりと活用がまぎらわしいものに，lie と lay，rise と raise があります。これらのつづりと活用は正確に覚えておきましょう。
　ここでは空所の後ろに目的語がありませんから，自動詞である lie（横たわる）の過去分詞形② lain を選びます。

答⇒②（訳：あなたはどのくらいベッドに横になっているのですか。）

● まぎらわしい自動詞と他動詞 ●

☐ **lie-lay-lain-lying** ＝自横たわる

例 He likes to lie on the beach and relax.

（彼はビーチに横になってリラックスするのが好きだ。）

☐ **lay-laid-laid-laying** ＝他横たえる

例 She laid the mat on the grass for a picnic.

（彼女はピクニックのためにマットを草の上に敷いた。）

☐ **lie-lied-lied-lying** ＝自うそをつく

例 He lied about his age.

（彼は年齢についてうそをついた。）

☐ **rise-rose-risen** ＝自上がる

例 We watched the balloons rise into the sky.

（私たちは気球が空に上がるのを見た。）

☐ **raise-raised-raised** ＝他上げる

例 I raised my hand to ask a question in class.

（私は授業中に質問をするために手を挙げた。）

---

3 時・条件の副詞節

問 I'll tell you about it in detail when you ☐☐☐ home.

① shall come ② came ③ come ④ had come

〔関西外国語大短大部〕

when から後ろの節は，主節の動詞を修飾する**副詞**の働きをしています。
時や条件（‥‥ならば）を表して副詞の働きをする節の中では，未来のことでも現在形（現在完了形）で表さなければなりません。

この文では，when you come home という節が，tell という動詞を修飾しています。時を表して副詞の働きをする副詞節なので，現在形の③ come が正解。

答⇒③（訳：あなたが家に帰ってきたときに，それについて詳しく話します。）

> 問　The party will be canceled if it ☐ tomorrow.
> ① rains　　　　　　　　② rain
> ③ will rain　　　　　　④ is going to rain

　if から後ろの節は,「もし明日雨が降るならば」という条件を表す副詞節です。時や条件を表す副詞節では, 未来のことでも現在形 (現在完了形) で表すのでしたね。よって, ここでは明日の雨についてですが, 現在形が使われます。また, 節の主語は天候を表す it なので, 3 人称単数の s が必要です。よって① rains が正解。

　答⇒①（訳：もし明日雨が降るならば, パーティーは中止になるだろう。）

> 問　Mike is wondering if it ☐ tomorrow.
> ① rains　　　　　　　　② rain
> ③ will rain　　　　　　④ has rained

　先ほどの問題では, if から後ろの節は条件を表す副詞節でした。しかし, この問題では文の意味を考えてみると,「マイクは明日雨が降るだろうかと思っている。」となり, if から後ろの節は「S が V するかどうか」という名詞節となっています。名詞節の場合は未来のことは未来形で表すため, ③ will rain が正解。副詞節かどうかで未来のことの表し方が変わるということを覚えておきましょう。

　答⇒③（訳：マイクは明日雨が降るだろうかと思っている。）

問1：次の英文の空所に入れるのに最も適当なものを選べ。

☐ 1　I will be back by the time my friend ☐1 to see me.

① comes　　　　　　　　② has come

③ will come　　　　　　④ is coming

〔実践女子短大〕

☐ 2　I ☐2 in Kyoto for three years when I was a child.

① is living　　　　　　② have been

③ have lived　　　　　④ lived

〔東京成徳短大〈改〉〕

◆難 ☐ 3　"Did you find his house?" "Yes. It took us a long time but finally we ☐3 it."

① would find　　　　　② could have found

③ were able to find　　④ managed find

〔南山短大〕

頻出 ☐ 4　I'll tell you as soon as he ☐4 .

① comes　　　　　　　② came

③ will come　　　　　④ will have come

〔南山短大〈改〉〕

☐ 5　☐5 to the railway station when I saw you this morning?

① Have you gone　　　② Are you going

③ Were you going　　④ Have you been going

〔上智短大〕

☐ 6　I am sorry to ☐6 you waiting so long.

① be keeping　　　　　② have been kept

③ have kept　　　　　④ have been keeping

〔上智短大〕

Answers

答1 私は友達が私に会いに来るときまでには戻ります。

  [1] ⇒ ① comes

⚠ ▶ **by the time S V（S が V するまでに）**は時を表す副詞節です。このように，**時や条件を表す副詞節の中では，未来のことでも現在形や現在完了形を使わなければなりません。**この文では，「来てしまう」という完了の意味はありませんから，② has come ではなく現在形の① comes を選びましょう。

答2 私は子どもの頃京都に 3 年間住んでいた。

  [2] ⇒ ④ lived

▶時制の問題を考えるときには，基準となる時点がいつなのかを捉えることが非常に大切です。ここでは，「私が子どもだったとき」とあるので，基準となる時点は**過去**になります。よって，④ lived という過去形の動詞が正解になります。

答3 「あなたは彼の家を見つけましたか。」「はい。長い時間がかかりましたが，とうとう私たちは見つけることができました。」

  [3] ⇒ ③ were able to find

▶過去に「V することができた」というときには，**were[was] able to V**，または **managed to V** などを使います。ちなみに，**manage to V** は「**なんとかして V する**」という意味です。

答4 彼が来たらすぐにあなたに言うつもりだ。

  [4] ⇒ ① comes

▶ **as soon as S V（S が V するとすぐに）**は時を表す副詞節なので，この中では未来形ではなく現在形か現在完了形を使わなければなりません。ここでは現在形を使い，主語が he なので三単現の s を付けて comes とします。

答5 私があなたを今朝見たとき，あなたは鉄道の駅に向かっていましたか。

  [5] ⇒ ③ Were you going

きそ ▶基準となる時点をしっかり捉えることが大切。「私があなたを見た」のは**過去**の一時点です。ですから，選択肢の中から**過去進行形**の③ Were you going を選びましょう。

答6 こんなに長い間あなたを待たせてすみません。

  [6] ⇒ ③ have kept

▶「私が申し訳なく思っている」のよりも，「長い間あなたを待たせた」の方が前の時制です。このように，不定詞の時制が述語動詞の時制よりも前のときには，**完了不定詞**といって，**to have V_{pp}** という形を使います。ちなみに，動名詞の時制が 1 つ過去にずれると，having V_{pp}（完了形の動名詞）を使います。（→ p.65 *Lesson* 04 **4**）

7 Ten years ago today I ☐7☐ in Kenya.

① have lived   ② was living

③ live   ④ have living

〔上智短大〈改〉〕

難 **8** If you come at seven o'clock tomorrow night, we ☐8☐ finished our dinner.

① will already   ② have already

③ will already have   ④ had

〔聖心女子大〕

9 Nick can speak Portuguese quite well because he ☐9☐ it for five years in Brazil.

① is studying   ② has been studied

③ would have studied   ④ has been studying

〔英検準2級〕

頻出 **10** We ☐10☐ the world situation.

① discussed about   ② discussed

③ discussed over   ④ discuss in

〔北海道文理科短大〈改〉〕

11 Please ☐11☐ in the chair.

① seat   ② be seated

③ be seating   ④ seating

〔南山短大〈改〉〕

12 If you ask nicely, she will probably ☐12☐ a piece of cake.

① allow you having   ② allow you have

③ allow that you have   ④ allow you to have

〔上智短大〕

答7 10年前の今日は，私はケニヤに住んでいた。
　　　7 ⇒ ② was living
　きそ ▶ ten years ago は過去の一時点を明確に表す表現ですから，ここでは過去完了形ではなく，過去進行形の ② was living で表します。live はあまり進行形にしない動詞ですが，「一時的に住んでいる」という意味を表すときは進行形で使うこともあります。

答8 明日の夜7時に来れば，私たちは夕食をすでに食べ終えているでしょう。
　　　8 ⇒ ③ will already have
　　▶「明日の夜7時」という未来のある時点までに「夕食を食べ終えている」という，未来の一時点までの完了を表しています。よって，未来完了形の will have **V**pp という形を使った，③ will already have が答えになります。なお，前半部分の if 節は条件の副詞節なので，未来のことについてですが，その節の動詞 come は現在形になっています。

答9 ニックはブラジルで5年間ポルトガル語を学んでいるので，彼はかなり上手にそれを話すことができる。
　　　9 ⇒ ④ has been studying
　　▶基準となる時点は「ニックが上手にポルトガル語を話せる」という現在です。「5年間ブラジルで学んでいる」という現在までの継続ですから，④ has been studying を選ぶこと。② has been studied では受動態になってしまうので × です。

答10 私たちは世界情勢について話し合った。
　　　10 ⇒ ② discussed
　　▶ discuss という動詞は他動詞です。他動詞は後ろに直接目的語をとるので，前置詞は使いません。ここでは，前置詞のない ② discussed が正解になります。

答11 どうぞ椅子にお掛けください。
　　　11 ⇒ ② be seated
　⚠ ▶ seat（座らせる）は他動詞で，ここでは受動態になっている ② be seated が正解になります。他動詞が受動態で使われる場合は，直後に目的語は不要。ちなみに，このような命令文の主語はもともと you ですが，省略されています。これは会話表現としても重要なので，文ごと暗記しましょう。

答12 きちんと頼めば，たぶん彼女はあなたにケーキを一切れくれるでしょう。
　　　12 ⇒ ④ allow you to have
　　▶ allow という動詞は，allow ～ to **V**（～に **V** することを許可する）の形をとる他動詞。この to **V** は不定詞の名詞的用法（**V** すること）です。このように，動詞の後ろにどのような形が来るのか，前置詞，目的語，準動詞に注意して，しっかりと覚えておく必要があります。

☐ 13 He ☐13 me to buy a new car.

① suggested   ② said

③ prevented   ④ advised

〔十文字学園女子短大〕

☐ 14 Miss Imai ☐14 her eldest son to look after his brothers.

① said   ② talked

③ spoke   ④ told

〔和洋女子短大〕

☐ 15 Will you help ☐15 homework?

① my   ② me this

③ me making this   ④ me with this

〔名古屋女子大〕

頻出 **☐ 16** Any book will ☐16 as long as it is interesting.

① bring   ② do

③ come   ④ read

〔仙台白百合短大〕

頻出 **☐ 17** The wounded man ☐17 in the street for over an hour before the ambulance arrived.

① laid   ② lay

③ lied   ④ lain

〔関西外国語大短大部〕

難 **☐ 18** Mr. Jones found that he ☐18 his notes at home, and he didn't know what to do.

① had been leaving   ② was leaving

③ has left   ④ had left

〔上智短大〕

答13 彼は私に新しい車を買うように助言した。

　　　⌊13⌋ ⇒ ④ advised

きそ ▶空所の後ろには「目的語＋不定詞」の形が来ています。このような形をとる動詞は ④ advised だけです。advise は，**advise ～ to V**（**～に V するよう忠告する**），または **advise** V**ing**（**V することを忠告する**）などの形で使われます。

答14 今井さんは彼女の長男に彼の弟たちの世話をするように言った。

　　　⌊14⌋ ⇒ ④ told

　　　▶空所の後ろは「目的語＋不定詞」の形。このような形をとるのは④ told だけです。**tell ～ to V** は「**～に V するように言う**」という意味で使われます。

答15 この宿題を手伝ってもらえませんか。

　　　⌊15⌋ ⇒ ④ me with this

⚠ ▶help は主に，**help ～ (to) V**（**～が V するのを手伝う**），また **help A with B**（**A の B を手伝う**）という形で使われます。これらの形にあてはまるのは，④ me with this だけです。

答16 面白ければどんな本でも構わない。

　　　⌊16⌋ ⇒ ② do

　　　▶do という動詞には「する」だけではなく，自動詞で「役に立つ，間に合う，事足りる」のような意味があり，**will do** という表現でよく使われます。ここでは，**as long as S V**（**S が V する限り**）という表現にも注意して，文ごと覚えておきましょう。

答17 その怪我をした男性は，救急車が到着するまで1時間以上も道に横たわっていた。

　　　⌊17⌋ ⇒ ② lay

⚠ ▶自動詞の lie（横たわる）と他動詞の lay（横たえる）の理解を試す問題。ここでは，基準となる時点が過去で，空所の後ろに目的語がないので，**自動詞の過去形**を使います。自動詞の lie の活用は lie-lay-lain なので，答えは② lay。ちなみに他動詞の lay の活用は，lay-laid-laid となります。

答18 ジョーンズ氏は彼のメモを家に置いてきてしまったことに気づいて，どうしてよいかわからなかった。

　　　⌊18⌋ ⇒ ④ had left

　　　▶過去よりもっと前のことを表すには，大過去ともいう過去完了形（had V$_{pp}$）を使います。ここでは，「ジョーンズ氏が気づいた」のよりも，「メモを置いてきてしまった」の方がもっと前のことですから，過去完了形の④ had left が正解。

□19 I like the design of this dress, but I don't think the color [19] me very well.

① fits ② matches
③ shows ④ suits

〔上智短大〕

□20 Some people [20] at least four hours a day watching TV.

① use ② take
③ spend ④ last

〔明の星女子短大〕

問2：次の英文の下線部のうち，誤った英語表現を含む番号を選べ。

□21 Neither of these trains ①go to Kyoto, but I think you can catch ②one that ③does ④on the opposite platform.

誤り＝ [21] 〔文京女子短大〕

□22 Please promise ①to give me ②a call as soon as you ③will arrive ④at the hotel in New York.

誤り＝ [22] 〔文京女子短大〕

□23 My grandfather has ①a large collection of rare books, ②some of which ③have been published about a hundred years ago. I can't imagine how valuable ④they are.

誤り＝ [23] 〔愛知女子短大〕

答19 私はこの洋服のデザインが好きだが，この色が似合うとはあまり思わない。
 19 ⇒ ④ suits
 ▶「合う」という動詞の使い分けの問題。fit は「サイズが適合する」ということ，match は「物が物に似合う」というときに使われます。「物が人に似合う」というときは，suit や become を使わなければなりません。ここでは，「色が私に似合う」という文脈なので，④ suits が正解。

答20 少なくとも1日につき4時間をテレビを見るのに費やす人もいる。
 20 ⇒ ③ spend
 ▶ここでは，空所の後ろに時間，そして -ing 形 (watching) が置かれています。このような形をとるのは③ spend です。spend は，**spend 時間 (in) Ving (V して時間を過ごす)** という形で使われます。意味的にも「人が時間を費やす」という意味を持つ単語は，ここでは spend しかありません。

答21 これらの電車はどちらも京都には行きませんが，反対側のホームで京都行きの電車に乗ることができると思いますよ。
 21 ⇒ ① go to → goes to
 ⚠ ▶ neither や either が主語として使われる場合には，1つ1つの要素 (ここでは1台の電車) に注目しているので**単数**と判断します。誤った表現は3人称単数の s が必要な① go to で，goes to に訂正しなければなりません。

答22 ニューヨークのホテルに着いたらすぐに私に電話をすると約束してください。
 22 ⇒ ③ will arrive → arrive
 ▶ as soon as **S V** は時を表す副詞節なので，未来のことでも現在形や現在完了形を使わなければなりません。この副詞節の中では will arrive という未来形が使われているので，③ will arrive を現在形の arrive に訂正しましょう。

答23 私の祖父は珍しい本をたくさん収集しており，その何冊かは約100年前に発行されている。それらはどれくらい価値があるのか私には想像できない。
 23 ⇒ ③ have been published → were published
 ▶ a hundred years ago, yesterday, last night などのような，過去の一時点を明確に表す言葉と共に，現在完了形を使うことはできません。よって，現在完了形の③ have been published を **were** published という過去形にしなければなりません。

問3：日本文に合う英文になるように選択肢の語を並べ替え，空所に入るものを選べ。

□24 この計画でやるとずいぶん費用が節約できます。

_____ _____ [24] _____ [25] _____ .

① you ② expense ③ save ④ a lot of

⑤ this plan ⑥ will 〔賢明女子学院短大〕

頻出 □25 会いに来てくれて本当にありがとう。

Thank you _____ [26] _____ [27] _____ .

① to ② coming ③ see ④ for

⑤ much ⑥ me ⑦ very 〔駒澤大 (経−経)〕

□26 お済みになったらそれを私に渡してください。

_____ _____ [28] _____ _____ [29] _____ _____ it.

① when ② pass ③ you ④ done

⑤ to me ⑥ are ⑦ it ⑧ with

〔龍谷大〈改〉〕

□27 さっきから私の話を黙って聞いていた少女たちがどっと笑いだした。

The girls _____ [30] _____ [31] _____ _____ silently burst out laughing.

① been ② me ③ who ④ listening

⑤ had ⑥ to 〔桜美林短大〈改〉〕

難 □28 あなたが深夜番組を見ているから私たちが眠れないでいるのを，あなたはわからないのよ。

I'm sure you _____ [32] _____ _____ _____ [33] _____ _____ watch the late TV programs.

① when ② us ③ that ④ don't

⑤ you ⑥ realize ⑦ awake ⑧ you keep

〔成城短大〕

答24 This plan will **save** you **a lot of** expense.

24 ⇒ ③　25 ⇒ ④　(5-6-**3**-1-**4**-2)

きそ ▶「この計画でやると」という，書き出しの副詞的な表現に注意。「雨のせいで」，「〜を見ると」などのように，日本語が副詞的表現の場合には，無生物主語構文の可能性が高いです。この場合も，**save A B**（AのBを省く）という構文を使って，This plan を主語とした無生物主語構文で並べてみましょう。

答25 Thank you very **much** for **coming** to see me.

26 ⇒ ⑤　27 ⇒ ②　(7-**5**-4-**2**-1-3-6)

▶ thank という動詞は，**thank A for B**（BのことをAに感謝する）という形で使われます。ここでは，for の後ろに動名詞を使って並べ替えましょう。

答26 Pass it **to me** when you **are** done with it.

28 ⇒ ⑤　29 ⇒ ⑥　(2-7-**5**-1-3-**6**-4-8)

▶ pass という動詞は，**pass A B** もしくは，**pass B to A** という形で，「BをAに渡す」という意味で使います。when 以下の部分は，意味的には未来のことですが，時を表す副詞節中なので，未来形の代わりに現在形が使われています。be done with 〜 は「〜を終える」という意味の熟語です。

答27 The girls who **had** been **listening** to me silently burst out laughing.

30 ⇒ ⑤　31 ⇒ ④　(3-**5**-1-**4**-6-2)

▶日本語から推測して，述語動詞の burst は過去形だと考えられます。ですから，「少女たちが話を聞いていた」のは，過去よりもっと前から過去までのことです。過去までの継続を表す過去完了進行形（had been Ving）を使って，who から後ろの部分を構成しなければならないことに注意しましょう。burst の活用は burst-burst-burst（bursted が使われることもある）です。

答28 I'm sure you don't **realize** that you keep us **awake** when you watch the late TV programs.

32 ⇒ ⑥　33 ⇒ ⑦　(4-**6**-3-8-**2**-**7**-1-5)

⚠ ▶ここでは，**realize that S V**（SがVするのがわかる），**keep O C**（OをCの状態に保つ），という動詞の使い方に気をつけて並べること。また，**when S V**（SがVするとき）という接続詞をどこで使うのかを，すばやく見抜くことが重要です。

REVIEW

このレッスンの問題ではさまざまな時制の文が登場しました。理解できていないと感じた時制があった場合には，その時制について一度復習してみると良いでしょう。また，問題を解いた後には付属の音声を活用し，発音をまねしながら何度も英文を声に出して練習してみましょう。本書1冊分の例文をすべてマスターするつもりで最後まで進めてみましょう。

受動態

🔊 LV3 Lesson02

> どのような英文でも受動態にできるわけではなく，受動態にできる英文は必ず目的語を持っていなければなりません。その目的語を前に出して主語にすることによって，受動態の英文を作ることができるのです。

1 受動態の基本形

> 問 The patient ☐ enough medicine to bring about a complete recovery.
>
> ① gave ② gives ③ was given ④ was giving
>
> 〔京都産業大（経・理・工・外）〕

　例題は，第４文型の目的語のうち１つが前に出た，受動態の形になっています。第４文型では目的語を２つとりますが，１つめの目的語である人が主語になって前に出てくる場合は「人＋ be動詞＋ V_{pp} ＋物」の形をとります。逆に，２つめの目的語である物を主語にしたいときは「物＋ be動詞＋ V_{pp} ＋ to ＋人」となります。例題では，人を主語にとっています。空所に入るのは「be動詞＋ V_{pp}」の形を満たしている③ was given です。

　答⇒③（訳：その患者は完全に回復するのに十分な薬を与えられた。）

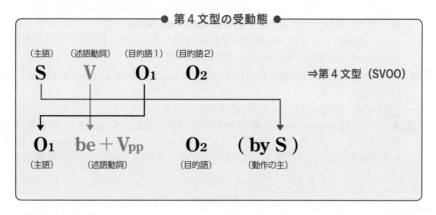

● 第４文型の受動態 ●

（主語）	（述語動詞）	（目的語１）	（目的語２）	
S	**V**	**O_1**	**O_2**	⇒第４文型（SVOO）

O_1	**be ＋ V_{pp}**	**O_2**	**(by S)**
（主語）	（述語動詞）	（目的語）	（動作の主）

2 群他動詞の受動態

> 問 On his way home, Taro was ☐ a stranger.
>
> ① spoken at   ② spoken to by
>
> ③ spoken by   ④ spoken with by
>
> 〔千葉工業大〕

　後ろの文はもともと，A stranger spoke to Taro. だったのです。この問題の speak to のように，「自動詞＋前置詞」は 1 つの他動詞の働きをすることができます。ですから，前置詞の後ろの目的語にあたる名詞を主語にして，受動態を作ることもできるわけです。

　その場合，この to などの前置詞を勝手に省かないように注意しましょう。行為者を示す **by** という前置詞を使って② spoken to by が答えになります。

　答⇒②（訳：帰り道に，タロウは見知らぬ人に話しかけられた。）

3 受動態の進行形

> 問 A : What have you done with your car?
>
> B : I had some engine trouble yesterday, so it is ☐ at the moment.
>
> ① being repaired   ② having been repaired
>
> ③ having repaired   ④ repaired
>
> 〔慶應大（経）〕

　受動態の進行形は，「**V されているところだ**」という意味で，「**be動詞 being Vpp**」の形で表すことができます。ここでは① being repaired が正解です。

―――――● 受動態の進行形 ●―――――

| □be動詞 being V_{pp} | ＝ V されているところだ |

　答⇒①（訳：A：あなたの車はどうしたの。

　　　　　　 B：昨日エンジンがおかしかったから，ちょうど今修理中なんだ。）

4 感情を表す受動態

　surprise という動詞は,「(人を) **驚かせる**」という意味の他動詞です。これを受動態にすると,「〜に驚かされた」という意味になります。それをわかりやすく意訳すると「〜に驚く」となります。surprise という動詞そのものは「驚く」という意味ではなく「驚かせる」という意味なので注意しましょう。この種の表現には,他に以下のようなものがあります。

●━━ 感情を表す受動態 ━━●

□ be surprised at 〜 　　　　　　　=〜に驚く
　例 He was so surprised at the earthquake.
　　 (彼はその地震にとても驚いた。)

- -

□ be pleased with[at] 〜 　　　　　=〜に喜ぶ
　例 He was pleased with the gift from his friend.
　　 (彼は友達からのプレゼントに喜んだ。)

- -

□ be satisfied with 〜 　　　　　　=〜に満足する
　例 Our boss is so satisfied with the outcome of the project.
　　 (私たちの上司はそのプロジェクトの結果にとても満足している。)

- -

□ be embarrassed by[about, at] 〜 =〜を恥ずかしく思う,〜に困惑する
　例 I'm embarrassed by my late arrival at the meeting.
　　 (私は会議に遅れて到着したことを恥ずかしく思う。)

- -

□ be excited about[at] 〜 　　　　=〜に興奮する
　例 I'm excited about meeting my favorite singer.
　　 (私はお気に入りの歌手に会えることに興奮している。)

- -

□ be interested in 〜 　　　　　　=〜に興味を持つ
　例 I'm interested in the history of coffee.
　　 (私はコーヒーの歴史に興味を持っている。)

---

5 by 以外の前置詞が使われる受動態

感情を表す受動態の他に，原因・理由，道具，材料，範囲などを表すとき
にも，by 以外の前置詞が使われる場合があります。

● by 以外の前置詞が使われる受動態 ●

☐ be covered with ～　　　＝～で覆われている

　例 The table is covered with a blue cloth.
　　（そのテーブルは青い布で覆われている。）

………………………………………………………………………

☐ be filled with ～　　　＝～で満たされている

　例 The jar is filled with chocolate.
　　（そのビンはチョコレートで満たされている。）

………………………………………………………………………

☐ be known to ～　　　＝～に知られている

　例 The local singer is known to everyone in the town.
　　（その地元の歌手は町の人みんなに知られている。）

………………………………………………………………………

☐ be caught in ～　　　＝～［雨など］にあう

　例 We were caught in the rain without an umbrella.
　　（私たちは傘を持たずに雨に降られました。）

---

6 受動態を使った書き換え

say, believe, think, know, consider などの動詞を使った能動態の文は，
下のような受動態の文に書き換えることができます。

● say を使った文の書き換え ●

☐ They[People] say that **S V**　　　＝ S が V すると言われている

　≒ It is said that **S V**

　≒ **S** is said to **V**

　例 They say that miso soup is good for our health.
　　≒It is said that miso soup is good for our health.
　　≒Miso soup is said to be good for our health.
　　（みそ汁は健康に良いと言われている。）

問1：次の英文の空所に入れるのに最も適当なものを選べ。

☐ 1　This hotel is ⬚1⬚ by his father.

    ① control   ② managed

    ③ ran   ④ taken care

〔東京経済大短大部〕

◆難 ☐ 2　I am often ⬚2⬚ that I look like my elder sister.

    ① said   ② talked

    ③ told   ④ spoken

〔上智短大〕

☐ 3　Mary is ⬚3⬚ to have been ill last week, but she looks well now.

    ① saying   ② said

    ③ told   ④ made

〔英検準2級〕

☐ 4　Please don't sit on the bench. It ⬚4⬚ just ten minutes ago.

    ① was painted   ② has painted

    ③ had painted   ④ had been painted

〔英検準2級〕

頻出 ☐ 5　The children ⬚5⬚ to drink anything on the table except for the wine.

    ① allow   ② allowed

    ③ are allowed ④ have allowed

〔京都産業大〕

☐ 6　People made use of paper long before printing ⬚6⬚ .

    ① invents   ② invented

    ③ was invented ④ was inventing

〔京都産業大〕

答1 このホテルは彼の父によって経営されている。

> ⬚1 ⇒ ② managed

▶受動態は「**be動詞＋V_pp（過去分詞）**」というルールに従って過去分詞を選ぶこと。manage も run も「経営する」という意味の動詞ですが，manage の活用は manage-managed-**managed** で，run の活用は run-ran-**run** ですから，過去形の③ ran は不可。よって② managed が正解になります。

答2 私はしばしば姉に似ていると言われます。

> ⬚2 ⇒ ③ told

▶「**tell 人 that S V**」という形が受動態になると，「**人 be told that S V**」という形になります。選択肢の中でこの形をとるのは，③ told だけ。他の３つは**人**を目的語の位置に置くことはできず，say **to** me のように前に前置詞が必要です。

答3 メアリーは先週病気だったそうだが，今ではもうよくなったようだ。

> ⬚3 ⇒ ② said

▶ **be said to V** は「**V すると言われている**」の意味。ここでは「病気だった」のは現在よりも前の時制ですから，完了不定詞の **to have V_pp** の形が使われていることにも注意すること。この文は，It is said that Mary was ill last week, ... と言い換えることもできます。

答4 どうかそのベンチに座らないでください。それはほんの 10 分前に塗装されたばかりなのです。

> ⬚4 ⇒ ① was painted

⚠ ▶ just ten minutes ago は，明確に過去の一時点を表す表現ですから，現在完了形は使いません。ここでは，受動態で過去形の① was painted が答え。

答5 子どもたちはワインを除けばテーブルの上のものを何でも飲むことを許されている。

> ⬚5 ⇒ ③ are allowed

▶ **allow ～ to V（～が V するのを許す）** という構文を受動態にすると，**～ be allowed to V** となります。

答6 印刷技術が発明されたよりずっと前にも人々は紙を利用していた。

> ⬚6 ⇒ ③ was invented

きそ ▶常識的に考えて，印刷が発明されたのは過去のこと。そして印刷は「発明される」方なので，当然受動態でなければなりません。正解は ③ was invented。

☐ **7** The hotel is ☐7☐ in the fashionable area and within easy reach of the subway station.

  ① stood   ② seen
  ③ put   ④ situated

〔札幌大女子短大部〈改〉〕

☐ **8** We will move into our new house next month if it ☐8☐ by then.

  ① complete   ② is completed
  ③ completed   ④ will be completed

〔関西外国語短大〕

◆☐ **9** Sunglasses ☐9☐ in many different colors, shapes, and strengths.

  ① take part   ② circulate
  ③ can be found   ④ are discovered

〔京都外国語大短大部〕

☐ **10** According to observers from the United Nations, the new peace agreement ☐10☐ by both countries.

  ① has been upheld   ② is upholding
  ③ has been upholding   ④ has upheld

〔英検2級〕

☐ **11** We are spoken ☐11☐ Americans on our campus.

  ① by   ② to
  ③ by to   ④ to by

〔日本工業大(機械・電機電子)〕

☐ **12** The girl was ☐12☐ .

  ① looked by John   ② looked at John
  ③ looked at by John   ④ looked John

〔獨協大(外)〕

答7 そのホテルは流行の地域に位置していて地下鉄の便も良い。

　　　7 ⇒ ④ situated

▶ situate は「場所を定める」という意味の他動詞。建物などが位置しているというときには, この動詞を受動態にして表現します。②・③の選択肢は意味的に不可。また, stand は自動詞なので受動態にはできません。

答8 もしそれまでに完成されていたら, 私たちは来月に私たちの新しい家に引っ越すだろう。

　　　8 ⇒ ② is completed

きそ ▶ complete は「仕上げる」という意味の他動詞。if 節の中の it は家を指しますから,「家は仕上げられる」と考えて受動態にします。**if S V（S が V するならば）**は条件を表す副詞節なので, 未来のことでも現在形もしくは現在完了形で表します。

答9 サングラスには, さまざまな色や形や強度のものがある。

　　　9 ⇒ ③ can be found

▶ お店などでは, さまざまな色や形のサングラスが「（客に）見つけられる」と考えて, 受動態の③ can be found が正解です。もちろん, 助動詞 can などの後ろは動詞の原形が来ますから, **助動詞 be Vpp** の形で受動態を作らなければなりません。circulate（循環する, 広まる）や discover（発見する）は, 意味的に不自然です。

答10 国連からの監視員によれば, 新しい平和協定は両国に支持されている。

　　　10 ⇒ ① has been upheld

▶ uphold は, uphold-upheld-**upheld** と活用する「支持する」という意味の他動詞。ここでは主語の平和協定は「支持される」わけですから, 受動態の形を選ばなければなりません。完了形の受動態は, **have[has] been Vpp** という形で表現しますから, ① has been upheld が正解です。

答11 私たちは大学のキャンパスでアメリカ人に話しかけられる。

　　　11 ⇒ ④ to by

▶ この文を能動態にすると, Americans speak to us on our campus. となります。speak to のように自動詞と前置詞で 1 つの他動詞を作っている群他動詞は, 受動態にしても be spoken to となり, to を省略しません。さらに動作の主を示す前置詞 by を加えると④ to by と 2 つ前置詞が続きますが, これは正しい表現です。

答12 その女の子は, ジョンに見られた。

　　　12 ⇒ ③ looked at by John

▶ look at は 2 語で他動詞の働きをする群他動詞で, これを受動態にしたときは be looked at という形になりますが, この at という前置詞を省略してはいけません。動作の主を示す by という前置詞が後ろに来ると, be looked at by ～ となりますが, これは正しい表現です。

☐ **13** Mr. Ellis is quick to make good decisions, and that's why he is ☐13☐ his colleagues.

① looking up to by   ② looked by up to

③ looked up to   ④ looked up to by

〔英検2級〕

☐ **14** He was ☐14☐ by his son's behavior.

① angry   ② embarrassed

③ nervous   ④ impatient

〔明の星女子短大〕

☐ **15** Yesterday, Tom ☐15☐ in a motorbike accident, so he can't attend gym class for the time being.

① had been injured   ② was injuring

③ injured   ④ was injured

〔英検準2級〕

頻出 ☐ **16** I was made ☐16☐ for a long time.

① wait   ② to wait

③ waiting   ④ waited

〔千葉工大（機械・工化）〕

頻出 ☐ **17** She was seen ☐17☐ out of the hall.

① go   ② gone

③ to go   ④ having gone

〔龍谷大（文・理工）〕

難 ☐ **18** Don't let any trees around here ☐18☐ .

① cut down   ② to cut down

③ cutting down   ④ be cut down

〔東横学園女子短大〕

答13 エリス氏はすばやく良い決断をし，そのことから彼は同僚に尊敬されている。

13 ⇒④ looked up to by

▶ look up to ～（～を尊敬する）のように，複数の単語がまとまって1つの他動詞を作っているものを受動態にしたときには，それらの要素を省略してはいけないので注意。さらに動作の主を示す by という前置詞を加えて，④ looked up to by が正解になります。

答14 彼は息子の行動に困惑した。

14 ⇒② embarrassed

⚠ ▶ embarrass は「まごつかせる」という意味の他動詞。ここでは彼は息子の行動によって「まごつかされた」，つまり恥ずかしい思いをさせられたということで ② embarrassed が正解です。angry などの形容詞は，動作の主を示す by という前置詞を後ろにとることはないので気をつけましょう。

答15 昨日トムはバイク事故で怪我をしたので，当分の間体育の授業に出席できない。

15 ⇒④ was injured

⚠ ▶ injure は，「怪我をさせる」という意味の他動詞。主語のトムは「怪我をさせられた」わけですから，受動態の ④ was injured が正解です。①のように過去完了形を使う必然性は，この文ではありません。

答16 私は長い間待たされた。

16 ⇒② to wait

きそ ▶ make という動詞を「させる」という意味で使うときは，**make ～ V** というように，後ろに目的語と原形動詞（＝原形不定詞）をとります。このような原形不定詞を使った構文を受動態で使うときは，be made **to V** のように to を使って表現しなければなりません。正解は② to wait。

答17 彼女はホールから出るのを見られた。

17 ⇒③ to go

▶ see という動詞は知覚動詞なので，能動態では **see ～ V** のように原形不定詞を使って表現します。このような原形不定詞を使った構文を受動態で使うときは，be seen **to V** のように to を使って表現します。

答18 この辺りの木を切り倒してはいけません。

18 ⇒④ be cut down

▶ let という動詞は，let ～ V のように，後ろに「目的語＋原形不定詞」をとります。ここでは，この辺りの木は「切られる」方なので，この V の部分に受動態の形が来なければなりません。原形かつ受動態のものを選べば良いので，④ be cut down が正解。この文は，Don't cut down any trees around here. という命令文の受動態です。

19 I would like the room [19] by tomorrow.

　① to sweep　　　　② to be swept
　③ be swept　　　　④ being swept

〔金蘭短大〕

20 Leaving clean air and water for future generations is something [20] by all people.

　① to desire　　　　② to desiring
　③ to be desired　　④ to have desired

〔英検2級〕

問2：次の英文の下線部のうち，誤った英語表現を含む番号を選べ。

21 A significant part of most people's lives ①is spent ②at work and ③few of us are unaffected ④on the jobs we have.

　誤り＝ [21]

〔南山短大〕

22 Don't worry about the children ①while you ②are away; they'll be ③taking good care ④of.

　誤り＝ [22]

〔桜美林大（経）〕

23 If my wife ①calls, ②just tell her I'm ③in an important meeting and ④cannot disturb.

　誤り＝ [23]

〔学習院女子短大〕

答19 私はその部屋を明日までに掃除してほしいのだが。

19 ⇒② to be swept

▶これは **would like ～ to V**（～に V してほしい）の構文です。もちろん to の後ろは原形動詞ですが，ここでは部屋は「掃かれる」ので，to の後ろには原形かつ受動態が来なければなりません。sweep の活用は sweep-swept-**swept** なので② to be swept が正解です。

答20 将来の世代のためにきれいな空気と水を残すことは，すべての人々によって望まれていることだ。

20 ⇒③ to be desired

▶ Leaving から generations まで（= something）と desire の関係を考えてみること。ここでは something は「望まれる」わけですから，不定詞は受動態でなければなりません。よって正解は ③ to be desired です。

答21 大部分の人の生活の重要な部分は仕事に費やされており，私たちの中で就いている職業に影響されない人はほとんどいない。

21 ⇒④ on → by

きそ ▶受動態の後ろで行為の主を示すときには，by という前置詞を使わなければなりません。ここでは on という前置詞を by に訂正します。ただし，be surprised **at** のように by 以外の前置詞を使うパターンもあるので気をつけましょう。

答22 あなたが出かけている間，子どもたちの心配はしないで。彼らはきちんと世話をしてもらえるでしょう。

22 ⇒③ taking → taken

▶この文での they は子どもたちを指しています。子どもたちは「世話を**される**」方ですから，受動態でなければなりません。be動詞の後ろの taking を過去分詞形の taken に訂正する必要があります。will be **V_pp** で「**V** されるだろう」と未来のことを表す受動態にすることができます。

答23 私の妻から電話があったら，大切な会議中だから取り次ぐことはできませんとだけ伝えてください。

23 ⇒④ cannot disturb → cannot be disturbed

▶私は「邪魔**される**ことができない」方ですから，cannot の後ろの disturb（邪魔をする）を受動態の be disturbed に訂正しなければなりません。

問3：日本文に合う英文になるように選択肢の語を並べ替え，空所に入るものを選べ。

☐ **24** 昨日の地震でだいぶ被害があったようだ。

It seems ＿＿＿＿ ＿＿＿＿ 24 ＿＿＿＿ 25 ＿＿＿＿ ＿＿＿＿ ＿＿＿＿ .

① yesterday's ② damage ③ done ④ much

⑤ earthquake ⑥ that ⑦ was ⑧ by

〔立命館大（理工）〕

☐ **25** 先生はジャックのエッセイに満足した。（1語不要）

The teacher ＿＿＿＿ 26 ＿＿＿＿ 27 ＿＿＿＿ .

① Jack's ② pleased ③ essay ④ with

⑤ was ⑥ to please

〔摂南大（工）〕

☐ **26** そのうわさは真実でないように思えた。

The ＿＿＿＿ ＿＿＿＿ 28 ＿＿＿＿ 29 ＿＿＿＿ .

① be ② felt ③ rumor ④ to

⑤ untrue ⑥ was

〔東北学院大（経−経）〕

頻出 ☐ **27** 英語は国際語で世界中で話されています。

English ＿＿＿＿ ＿＿＿＿ 30 ＿＿＿＿ 31 ＿＿＿＿ ＿＿＿＿ all over the world.

① international ② spoken ③ an ④ is

⑤ and ⑥ is ⑦ language

〔東京国際大（商）〕

☐ **28** 世界のほとんどの主要都市では，男性客は高級レストランに入るときネクタイの着用が求められる。

In almost every major city in the world, male ＿＿＿＿ ＿＿＿＿ 32 ＿＿＿＿ ＿＿＿＿ 33 ＿＿＿＿ high-class restaurants.

① are ② customers ③ required ④ they enter

⑤ ties ⑥ to wear ⑦ when

〔センター試験〕

答24 It seems that much **damage** was **done** by yesterday's earthquake.

⟨24⟩⇒② ⟨25⟩⇒③ (6-4-**2**-7-**3**-8-1-5)

▶ここでは，It seems that **S V**（**S** が **V** するように思える）という構文の **S V** の部分に受動態を使って表現してみること。「害を与える」は，do damage という表現で表すことができます。これを受動態にして damage was done と並べましょう。

答25 The teacher was **pleased** with **Jack's** essay.

⟨26⟩⇒② ⟨27⟩⇒① (5-**2**-4-1-3) 不要＝⑥ to please

きそ ▶ここでの please は「喜ばせる」という意味の他動詞として使います。先生は「喜ばされた」わけですから，受動態を使って表現しましょう。ここでは by ではなくて with を使うことに特に注意。**be pleased with 〜** で「**〜に満足している**」という意味です。

答26 The rumor was **felt** to be untrue.

⟨28⟩⇒② ⟨29⟩⇒① (3-6-**2**-4-1-5)

▶ **feel O to be C** は「**O が C であると感じる**」という意味。これを受動態にすると **O be felt to be C** という形になります。この形に忠実に並べて正解を探しましょう。

答27 English is an **international** language **and** is spoken all over the world.

⟨30⟩⇒① ⟨31⟩⇒⑤ (4(6)-3-1-7-**5**-6(4)-2)

▶この文の主語にあたる英語は「話される」わけですから，受動態の is spoken という形を使わなければなりません。動作の主を示す by 〜 という部分は，わかりきっていて必要ないので省略されています。

答28 In almost every major city in the world, male customers are **required** to wear ties **when** they enter high-class restaurants.

⟨32⟩⇒③ ⟨33⟩⇒⑦ (2-1-**3**-6-5-**7**-4)

▶ここでは，require 〜 to V（〜が V するのを要求する）という構文の受動態にして，〜 be required to V（〜は V することを要求される）という形を使って表現してみること。また，when S V（S が V するとき）という接続詞の使い方にも注意しましょう。

REVIEW

このレッスンでは，受動態の基本的な部分から，応用的な内容まで取り扱いました。基本形に関しては，動作を行う主と受け手についてイメージしながら例文を反復練習してみましょう。「感情を表す受動態」や「by 以外の前置詞が使われる受動態」に関しても，表現だけを丸暗記するのではなく，例文を何度も声に出して練習することで，自然と前置詞を思い浮かべられるようにするのが良いでしょう。

不定詞

不定詞とは「to ＋動詞の原形」という形のことで，名詞的，形容詞的，副詞的に使うことができます。この３用法の区別を基本に，不定詞を理解していきましょう。本書では，不定詞は「to **V**」という記号で表しています。

1 不定詞の基本用法

> 問　After a long walk in the fields I got thirsty and wanted ⬚ .
>
> ① cold something to drink　　② to something drink cold
>
> ③ something to drink cold　　④ something cold to drink
>
> 〔金蘭短大〕

　ここでは something という名詞を，to drink という不定詞が後ろから修飾しています。つまり，この不定詞は「形容詞的用法」で使われています。something などの「-thing」で終わる名詞を修飾する場合，形容詞はその**直後**に置き，something cold のようにします。この問題のように，形容詞と同時に不定詞の形容詞的用法を使う場合は，不定詞を形容詞の後ろに置き，something cold to drink のようにします。

　答⇒④（訳：野原を長時間歩いた後，私はのどが渇いたので何か冷たい飲み物が欲しかった。）

● **不定詞の基本用法** ●

①**名詞的用法**：不定詞が名詞の働きをする。

▶**主語**

　例 To play the piano is difficult for me.
　　（ピアノを弾くことは難しい。）

▶**補語**

　例 My hobby is to go for a walk.
　　（私の趣味は散歩をすることです。）

▶**目的語**

　例 I decided to become a tennis player.
　　（私はテニスの選手になることを決めました。）

----

②**形容詞的用法**：名詞の後に置かれ，直前の名詞を修飾する。

▶**修飾される名詞が不定詞の意味上の主語になる場合**

例 I want something to heal my sorrow.
（私は悲しみを癒してくれるものが欲しい。）

▶**修飾される名詞が不定詞の意味上の目的語になる場合**

例 I want something to drink.
（私は何か飲み物が欲しい。）

▶**修飾される名詞が前置詞の意味上の目的語になる場合**

例 He is looking for someone to talk with.
（彼は話してくれる人を探している。）

▶**修飾される名詞＝不定詞になる場合（同格）**

例 She made a decision to work in Canada for a year.
（彼女は１年間カナダで働くという決断をした。）

----

③**副詞的用法**：不定詞が名詞以外を修飾する。

▶**目的**

例 I went there to buy a new camera.
（私は新しいカメラを買うためにそこへ行った。）

▶**結果**

例 My father lived to be ninety.
（私の父は90歳になるまで生きた。）

▶**感情の原因**

例 I was glad to see Ken.
（私はケンに会えてうれしい。）

▶**判断の根拠**

例 He was foolish to go there.
（そこに行くなんて，彼は愚かだった。）

2 形式主語

> 問　I think 　　　　 to finish this job before dark.
> ① I am impossible 　　　② I find it unable
> ③ I am beyond my power 　　　④ it is impossible for me
>
> 〔金蘭短大〕

　主語の部分には基本的に名詞が来るので，名詞的用法の不定詞を置くこともできます。ただこの問題のように，主語にあたる不定詞が長くなって不格好な場合には，主語の部分に目印の it を置いて，不定詞を後回しにすることができます。この目印の it のことを**形式主語**といいます。

　このとき，不定詞の意味上の主語を表すためには，前置詞 for を用いて It is ... for 〜 to V の形を使います。この問題では，for の後ろに me が置かれているため，「私」が意味上の主語になっていることがわかります。

　ただし，kind のような，人の性質を表す形容詞の場合には，for の代わりに of を使って It is **kind of you to help** the lady. のように，It is 人の性質を表す形容詞 of 人 to V という形で表します。

　答⇒④（訳：暗くなる前にこの仕事を終えることは，私には不可能だと思う。）

3 形式目的語

　第5文型 **SVOC** の **O** の部分には，純粋な名詞が置かれます。名詞の働きをする不定詞や that 節などは置くことができません。なので，it という目印を付けてそれらを後回しにすることがあります。これを形式目的語の it と呼びます。

> 問　I found it interesting 　　　　 foreign movies with English subtitles.
> ① watch 　　② watching 　　③ to watch 　　④ that watch

　ここでは find **O C**「**O** を **C** だと思う」が使われていることに注目しましょう。**O** には形式目的語の it が置かれています。**C** の interesting の後に，形式目的語の it が表すものが後回しにされているので，不定詞の③ to watch が正解。to watch foreign movies with English subtitles が it とイコールの関係です。

　答⇒③（訳：私は英語字幕で海外の映画を見るのを面白いと思った。）

4 動詞 + O + to V

> 問 Englishmen will never be slaves: they are free to do whatever
> the Government and public opinion ☐ .
> ① allow them doing ② allow for them to do
> ③ allowing that they do ④ allow them to do
>
> 〔同志社大（文）〕

allow などの動詞は，後ろに「目的語 (O) ＋不定詞 (to V)」の形をとります。この形では目的語と不定詞の間に，主語と述語の関係 (O が V する) が表れることも覚えておきましょう。

答⇒④（訳：イギリス人は，決して奴隷になることはない。彼らは政府や
世論が許すことなら何でも自由にすることができるのだ。）

━━━━━● 「目的語と to 不定詞」をとる重要な形 ●━━━━━

☐ want ～ to V   ＝～に V してほしい

例 I want my brother to teach me how to speak French.
（私は兄にフランス語を話す方法を教えてもらいたい。）

☐ would like ～ to V   ＝～に V してほしい
（want ～ to V より丁寧な表現）

例 I would like my husband to prepare dinner tonight.
（私は夫に今夜の夕食を準備してもらいたい。）

☐ tell ～ to V   ＝～に V するように言う

例 He told me to meet him at the park at 3 p.m.
（彼は私に午後3時に公園で会うように言った。）

☐ cause ～ to V   ＝～に V させる

例 The rain may cause the sports festival to be canceled.
（雨が運動会を中止させるかもしれない。[雨のせいで運動会が中止になるかもしれない。]）

☐ enable ～ to V   ＝～が V するのを可能にする

例 This app enables users to edit photos easily.
（このアプリは利用者が簡単に写真を編集することを可能にする。）

問1：次の英文の空所に入れるのに最も適当なものを選べ。

1. I was about to ___1___ when the telephone rang.
① leave ② leaves
③ leaving ④ left
〔小樽女子短大〕

2. I am glad ___2___ whenever you need me.
① helping you ② of helping you
③ to have helped you ④ to help you
〔センター試験（追）〕

頻出 3. She determined ___3___ the offer.
① accepting ② to accept
③ accept ④ accepted
〔北海道文理科短大〈改〉〕

4. If you have a problem, please don't hesitate ___4___ .
① to have asked ② asking
③ ask ④ to ask
〔南山短大〕

5. I tried hard ___5___ .
① do not laugh ② not to laugh
③ to laugh not ④ to not laugh
〔大阪学院大（経）〕

難 6. Please remember ___6___ when I am away.
① feeding the goldfish every third day
② to feed the goldfish every three days
③ to feed the goldfish every other days
④ feeding the goldfish every second day
〔神戸松蔭女子学院短大〕

44

答1 電話が鳴ったとき，私はまさに出かけようとしていた。
　　1 ⇒① leave
　　▶ **be about to V** は「今にも V しようとしている」という意味の熟語表現で，**be on the point of V**ing とも書き換えることができます。

答2 必要なときはいつでも喜んでお手伝いします。
　　2 ⇒④ to help you
　　▶ **be glad to V** は「V してうれしい」という意味の表現。この不定詞は，ある感情になった理由を表す副詞的用法の不定詞です。

答3 彼女はその申し出を受け入れることを決心した。
　　3 ⇒② to accept
　　きそ ▶ **determine to V** は「V すると決心する」という意味。他に **decide to V** や **make up one's mind to V** も同義の熟語として重要なので覚えておきましょう。

答4 あなたにもし困ったことがあったら，どうぞためらわず聞いてください。
　　4 ⇒④ to ask
　　▶ **hesitate to V** は「V するのをためらう」という意味。これは hesitate という自動詞に続く副詞的用法の不定詞ですが，熟語として覚えておきましょう。

答5 私は笑わないように努力した。
　　5 ⇒② not to laugh
　　▶不定詞を否定形にする場合には，不定詞の直前に not や never などの否定語を置いて，not[never] to V という形にします。よって，ここでは ② not to laugh が正解です。try hard は「努力する」という意味です。

答6 私の留守中，金魚に3日ごとに餌をやるのを忘れないでください。
　　6 ⇒② to feed the goldfish every three days
　　▶ remember は，後ろが不定詞か動名詞かで意味が変わります。**remember to V** は「忘れずに V する」，**remember V**ing は「V したのを覚えている」という意味です。「3日ごとに餌をやる」という未来的な意味を正しく表した②が正解。③は every other day（1日おきに）の day に複数形の s が付いてしまっているので不可です。

☐ **7** The doctor told her 〔7〕 because of her health.

  ① not smoking   ② to quit from smoking

  ③ quitting smoking   ④ to quit smoking

〔金蘭短大〕

☐ **8** I had to take a taxi because a heavy rain caused all the trains 〔8〕 .

  ① stop   ② to stop

  ③ be stopped   ④ stopped

〔英検準2級〕

頻出 ☐ **9** He would like you 〔9〕 me what happened.

  ① tell   ② telling

  ③ to tell   ④ told

〔東海大（海洋・健康）〕

☐ **10** Ken was very foolish 〔10〕 out in this storm.

  ① go   ② to going

  ③ of going   ④ to go

〔四天王寺国際仏教大〕

難 ☐ **11** The last person 〔11〕 will have to turn out the lights.

  ① who leave   ② for leaving

  ③ to be left   ④ to leave

〔桃山学院大〕

難 ☐ **12** He survived the operation 〔12〕 to die of pneumonia.

  ① until   ② only

  ③ so as   ④ but

〔南山短大〕

答7 医者は健康のためにたばこをやめなさいと彼女に言った。

　　　 7 ⇒ ④ to quit smoking

きそ ▶ **tell ～ to V** は「～に V するように言う」という意味を持った構文。「たばこをやめる」は，quit という他動詞の後ろに動名詞の smoking という目的語を直接置いた quit smoking が適切なので，④ to quit smoking が正解です。

答8 激しい雨のためにすべての電車が止まってしまったので，私はタクシーに乗らなければならなかった。

　　　 8 ⇒ ② to stop

▶ **cause ～ to V** は「～に V させる」という意味で，ここでは ② to stop が正解。caused 以下は，make ～ V（～に V させる）を使って「**made** all the trains **stop**」とも表現できます。使役動詞 make の目的語の後には原形不定詞が来ます。誤って made all the trains to stop としないよう注意しましょう。この場合は stop の前に to は付きません。

答9 彼は起こったことをあなたから私に話してもらいたがっている。

　　　 9 ⇒ ③ to tell

▶ **would like ～ to V** は「～に V してほしい」という意味で，want ～ to V より丁寧な表現です。ここでは③ to tell が正しい形。

答10 この嵐の中出ていくなんてケンはとてもばかだった。

　　　 10 ⇒ ④ to go

▶不定詞の副詞的用法は「V するなんて ‥‥‥」の意味で，「判断の根拠」を表すこともできます。このように，不定詞の副詞的用法には多彩な意味があることに注意してください。

答11 最後に出る人がライトを消さなければならない。

　　　 11 ⇒ ④ to leave

▶形容詞的用法の不定詞は，未来的な意味合いを持っています。ここでの正解は ④ to leave ですが，これを関係代名詞を用いて who will leave に書き換えることもできます。① who leave のように現在形を使うときは，leaves と三単現の s が必要です。

答12 彼は手術を生き抜いたが，結局肺炎で死んだ。

　　　 12 ⇒ ② only

▶副詞的用法の不定詞は，結果を表して「そして V する」という意味で使われることがあります。ここでは **..... only to V** の形で「‥‥‥ そして**結局 V する**」という結果の不定詞の重要表現が問われています。答えは② only。また **..... never to V**（‥‥‥ そして**結局 V しない**）という表現もよく覚えておきましょう。

難 ☐ **13** Your luggage looks so heavy. I'll have my son ☐13☐ it.

　　① carries 　　　　　　　　② carry

　　③ to carry 　　　　　　　④ carried

〔金蘭短大〕

☐ **14** There is heavy traffic on this street. Don't let your children ☐14☐ here.

　　① playing 　　　　　　　② to playing

　　③ play 　　　　　　　　④ to play

〔英検準2級〕

頻出 ☐ **15** It was interesting ☐15☐ the article about how we had shrines in Japan in the first century.

　　① to read 　　　　　　　② in reading

　　③ of reading 　　　　　④ with reading

〔英検2級〕

☐ **16** It is natural ☐16☐ babies to cry when they are hungry.

　　① when 　　　　　　　　② that

　　③ for 　　　　　　　　　④ some

〔桜美林大(経−経)〕

☐ **17** The translator found it impossible ☐17☐ what he meant.

　　① explain 　　　　　　　② to explain

　　③ to be explained 　　　④ have explained

〔京都産業大(理)〕

☐ **18** Excuse me, could you tell me ☐18☐ the University Hospital?

　　① the way of 　　　　　② how to arrive

　　③ where to go 　　　　④ how to get to

〔名城大(商)〕

答13 あなたの荷物はとても重そうですね。息子に持たせましょう。

⬚13 ⇒② carry

▶ have という使役動詞の後ろには，have 〜 V という形で**原形不定詞**が来ることができます。**have 〜 V** は「〜に V させる」，「〜に V してもらう」という使役・依頼の意味があります。なお，**make 〜 V** は「〜に V させる」という強い強制の意味を持つので，しっかりと区別しておきましょう。

答14 この通りは交通量が多い。ここであなたの子どもたちを遊ばせるな。

⬚14 ⇒③ play

▶ **let 〜 V** という原形不定詞を使った表現は，許可を表して「〜に V させてやる」という意味になります。2 つめの文は，「Don't **allow** your children **to play** here.」とほぼ同じ意味です。

答15 1 世紀の日本にどのようにして神社ができたのかに関する記事を読むのは興味深いことだった。

⬚15 ⇒① to read

▶形式主語の it が名詞的用法の不定詞を指している形式主語構文。**it is … (for 〜) to V** で「（〜が）V するのは…だ」という形で使われます。ここでは名詞的用法の不定詞① to read が正解。

答16 赤ん坊がおなかが減ったときに泣くのは当然だ。

⬚16 ⇒③ for

▶不定詞の意味上の主語を表すためには，for という前置詞を使って **for 〜 to V** の形を使います。It は形式主語で，for 以下を受けています。It is natural **that** babies cry when they are hungry. のように，that 節を使っても表現できます。

答17 翻訳家は彼が言おうとしていることを説明するのは不可能だと気づいた。

⬚17 ⇒② to explain

⚠ ▶ **find O C**（O が C だとわかる）などの第 5 文型の動詞では，O の部分に不定詞などを置くことはできないので，とりあえずこれを it に肩代わりさせて不定詞などを後回しにすることができます。これが形式目的語の構文です。ここでは本来の目的語の② to explain が後回しにされています。

答18 すみませんが，大学病院への行き方を教えていただけますか。

⬚18 ⇒④ how to get to

きそ ▶「**疑問詞＋不定詞**」は**名詞句**を作ることができます。ここでは，**tell A B**（A に B を教える）という構文の B の部分にこの形が来ています。「到着する」は，arrive at 〜，reach 〜，get to 〜 のような表現方法がありますが，これにあてはまるのは④ how to get to だけです。

◆ ☐ **19** He came in quietly ☐19☐ not to wake the baby.

    ① as if   ② such

    ③ if so   ④ so as

〔札幌大女子短大部〕

☐ **20** George had no alternative but ☐20☐ as his friends suggested.

    ① to do   ② done

    ③ have to do   ④ having done

〔英検2級〕

問2：次の英文の下線部のうち，誤った英語表現を含む番号を選べ。

☐ **21** Modern technology has ①enabled us ②hearing many ③varieties of music at ④the turn of a dial.

誤り＝ ☐21☐ 〔南山短大〕

☐ **22** ①I'm not planning to ②go abroad ③this summer, because I can't afford ④spending so much money.

誤り＝ ☐22☐ 〔桃山学院大〕

☐ **23** I have ①so much ②homework tonight I'm not going to have ③any time to ④watching TV.

誤り＝ ☐23☐ 〔学習院女子短大〕

答19 彼は赤ちゃんを起こさないように静かに入ってきた。

19 ⇒④ so as

▶ **so as to V** や **in order to V** は，「V するために」という意味の目的を表す不定詞の慣用表現。これらを否定の形にすると **so as not to V** や **in order not to V** という形になります。to V の直前に not が入ることに注意しましょう。

答20 ジョージは友達の勧めるようにするしかなかった。

20 ⇒① to do

▶ **have no choice but to V** または **have no alternative but to V** という表現は「V せざるをえない」という意味の重要表現。but には「〜以外」という意味があるので，この表現のもともとの意味は「V する以外選択肢はない」です。

答21 近代の科学技術のおかげで，私たちはダイヤルを回せばすぐに多くの種類の音楽を聴くことができるようになった。

21 ⇒② hearing → to hear

きそ ▶ enable という動詞は，**enable 〜 to V** という形で，目的語の後ろに不定詞をとって「**〜が V するのを可能にする**」という意味になります。ここでは，hearing を to hear に訂正しましょう。

答22 私はこの夏，海外へ行く計画を立てていない。なぜならそんなにたくさんのお金をかける余裕がないからだ。

22 ⇒④ spending → to spend

▶ afford という他動詞は，目的語に to 不定詞をとった **afford to V** の形で「**V する余裕がある**」という意味になります。ここでは，spending を to spend に訂正しましょう。

答23 今夜私はとてもたくさんの宿題があるので，テレビを見る時間はないだろう。

23 ⇒④ watching TV → watch TV

きそ ▶ 不定詞は to の後ろに動詞の原形を置かなければなりません。ここでは，watching を watch に訂正すること。to watch TV が形容詞的用法で any time を修飾します。なお，この文では tonight の後ろに，**so ... that S V**（とても…なので S は V する）の that が省略されています。

問3：日本文に合う英文になるように選択肢の語を並べ替え，空所に入るものを選べ。

☐ **24** 田中さんの住所を必ず教えてください。

_____ 24 _____ _____ _____ 25 _____ Mr. Tanaka's address.

① know ② to ③ me ④ fail

⑤ let ⑥ don't

〔小樽女子短大〕

[頻出] ☐ **25** 彼はとても人を裏切るような人物ではない。(1 語不要)

He is _____ 26 _____ _____ 27 _____ .

① person ② the last ③ betray ④ other

⑤ others ⑥ to

〔田中千代学園短大〕

☐ **26** 彼は親切にも町中を案内してくれた。

He _____ 28 _____ _____ _____ 29 _____ _____ _____ the city.

① show ② as ③ me ④ kind

⑤ was ⑥ so ⑦ around ⑧ to

〔東京都立医療技術短大〕

☐ **27** 彼女はドイツ語が話せる。英語は言うまでもない。

She can speak German, _____ 30 _____ _____ 31 _____ .

① English ② say ③ of ④ nothing

⑤ to

〔共立女子短大〕

[難] ☐ **28** 約束があるときはいつも時間より 5 分前に着くようにしている。(1 語不要)

Whenever I have an appointment, I _____ 32 _____ _____ 33 _____ ahead of time.

① it ② make ③ to arrive ④ a habit

⑤ five minutes ⑥ arrive

〔田中千代学園短大〕

答24 Don't **fail** to let **me** know Mr. Tanaka's address.

　24 ⇒④　25 ⇒③　(6-**4**-2-5-**3**-1)

▶ **Don't fail to V** は「**必ず V してください**」という意味の重要表現。また，**let ～ V** は「**～に V させてやる**」という意味の原形不定詞を用いた表現です。let me know（私に知らせる）はよく使う表現なので，熟語として覚えておきましょう。

答25 He is the last **person** to **betray** others.

　26 ⇒①　27 ⇒③　(2-1-6-**3**-5)　不要＝④ other

▶ここでの不定詞は形容詞的用法で，person を修飾しています。この last は「最もしそうにない」という意味で使われています。

答26 He was **so** kind as **to** show me around the city.

　28 ⇒⑥　29 ⇒⑧　(5-**6**-4-2-**8**-1-3-7)

⚠ ▶ **so ... as to V** または **... enough to V** は，程度を表して「**V するほどに…**」という意味です。show 人 around は「人をあちこち案内する」という意味の熟語表現。

答27 She can speak German, to **say** nothing **of** English.

　30 ⇒②　31 ⇒③　(5-**2**-4-**3**-1)

▶この不定詞は副詞的用法で，**to say nothing of ～** は「**～は言うまでもなく**」という意味の慣用表現です。この熟語が直後に名詞をとるのに対して，**needless to say**（言うまでもなく）は全体で**副詞**の働きをする熟語であるため，後ろに名詞をとらないので区別して覚えましょう。

答28 Whenever I have an appointment, I make **it** a habit **to arrive** five minutes ahead of time.

　32 ⇒①　33 ⇒③　(2-1-4-**3**-5)　不要＝⑥ arrive

▶ **make it a rule to V** または **make it a habit to V** は「**いつも V することにしている**」という意味の重要表現。この it は形式目的語の it で，後ろの to V を指しています。

REVIEW

形式主語や形式目的語については，元の文との言い換えを意識することで理解しやすくなるかもしれません。慣れてくると，これらがわかりやすい英文を書くために非常に便利な表現であることに気づくでしょう。学んだ英文法事項を，英作文や英会話の中で実際に使ってみることが，英語をマスターするための近道です。

■第1問 次の空所に入れるのに最も適当なものを選べ。

問1　I had to send back the jacket because it did not 　1　 me.
　　① meet　　　　② get　　　　③ fit　　　　④ arrange

問2　The comic book that Tomoko 　2　 me was not at all interesting.
　　① rented　　　　　　② lent
　　③ borrowed　　　　④ told

問3　I will go home for vacation as soon as I 　3　 my final exams.
　　① finish　　　　　　② will finish
　　③ am finishing　　　④ finished

問4　When Tom came home, Mary 　4　 a book in the living room.
　　① has read　　　　② is reading
　　③ reads　　　　　　④ was reading

問5　The new building 　5　 completed by the time you come back to Japan.
　　① will have been　　② has
　　③ to be　　　　　　④ has been

問6　There is 　6　 to be plenty of oil off the coast.
　　① said　　　　② saying　　　　③ says　　　　④ to say

問7　I would like the exercise 　7　 by everybody in an hour.
　　① to be finished　　② finishing
　　③ finish　　　　　　④ be finishing

問8　Taro was so tired that he 　8　 down and slept.
　　① laid　　　　② lied　　　　③ lain　　　　④ lay

問9　The doctor told me 　9　 smoke.
　　① don't　　　　② no　　　　③ not to　　　　④ stop

問10 I ran to the station as fast as I could 　10　 to miss the train.
　　① as　　　　② only　　　　③ until　　　　④ before

問11 You should have Mr. Brown ⬚11⬚ your speech before the presentation.
① correct
② to correct
③ to be corrected
④ correcting

問12 The landlord wouldn't allow ⬚12⬚ the doors purple.
① him paint
② to be painted
③ to paint
④ him to paint

問13 Write it down ⬚13⬚ to forget it.
① before
② so as not
③ only
④ just so

問14 The fall in the value of the dollar will enable you ⬚14⬚ more goods.
① export
② will export
③ exporting
④ to export

問15 He was ⬚15⬚ the room by them.
① seen enter
② seeing to enter
③ seen entering
④ entered to see

■第2問　次の英文の下線部のうち，誤った英語表現を含む番号を選べ。

問16 ⬚16⬚

This project can't be completed ①in such a short time, so let's ②discuss about ③it once more ④from the beginning.

問17 ⬚17⬚

Tom ①has left early in the morning and ②hasn't come home yet. Where ③do you suppose ④he is?

問18 I'd ＿＿＿ ＿＿＿ ⌈ 18 ⌉ ＿＿＿ ＿＿＿ on Monday.

　　① work　　　② like　　　③ to　　　④ start

　　⑤ you

問19 It is natural ＿＿＿ ＿＿＿ ⌈ 19 ⌉ ＿＿＿ ＿＿＿ in English.

　　① for　　　② make　　　③ Japanese　　　④ to

　　⑤ mistakes

問20 The broken-hearted young man ＿＿＿ ＿＿＿ ＿＿＿ ＿＿＿ ⌈ 20 ⌉
＿＿＿ ＿＿＿ a long journey.

　　① set　　　② to　　　③ on　　　④ out

　　⑤ have　　　⑥ said　　　⑦ is

56

解答用紙

第1問	問1	問2	問3	問4	問5
	問6	問7	問8	問9	問10
	問11	問12	問13	問14	問15
第2問	問16	問17			
第3問	問18	問19	問20		

01-03 中間テスト① 解答

> ### ADVICE
>
> 　動詞や準動詞の理解は英文法の基礎の基礎！　一度勉強したことが多いので，結構スムーズに解けたはず。目標は17点以上です。
> 　12点以下の人は，まだまだ実力不足。必要ならば，レベル①やレベル②まで戻って，がっちりと基礎を固めること！　13点〜16点の人は，基礎事項の理解はほとんどできていますが，最後のつめが少し甘いです！　17点以上の人は，このレベルの理解は大丈夫ですが，間違った問題をしっかりと復習し，次回は満点を狙いましょう！

解説

■第1問

問1：fit「(衣服などのサイズが) 合う」。

問2：rent「賃貸借する」，lend「貸す」，borrow「(ただで) 借りる」。

問3：時・条件の副詞節中は現在形。

問4：トムが家に帰った，まさにそのときにメアリーは本を読んでいたので過去進行形。

問5：君が帰ってくるまでに新しいビルは完成しているという意味なので未来完了形。

問6：be said to V「Vすると言われている」。

問7：would like 〜 to V「〜にVしてほしい」。the exercise は「終えられる」という意味なので，不定詞は受動態でなければなりません。

問8：自動詞 lie の活用は lie-lay-lain。

問9：tell 〜 to V「〜にVするように言う」。不定詞の否定は not to V。

問10：不定詞の結果用法。..... only to V「‥‥‥そして結局Vする」。

問11：原形不定詞の問題。have 〜 V「〜にVさせる (使役)，〜にVしてもらう (依頼)」。

問12：allow 〜 to V「〜がVするのを許す」。

問13：so as (not) to V「Vするために (しないために)」。他の選択肢は意味が通じません。

問14：enable 〜 to V「〜がVするのを可能にする」。動詞 enable は無生物主語が来ることが多いので注意。

問15：They saw him entering the room. を受動態にした形。①は seen と enter の間に to が必要。

58

■第2問

問16：discuss は直接目的語をとるので about は不要。

問17：トムが出発したのは過去なので，完了形の① has left を left にします。

■第3問

問18：「2-5-3-4-1」が正解。「I'd like you to start work on Monday. (月曜日から仕事を始めてください。)」となります。would like ～ to V「～に V してほしい」。

問19：「1-3-4-2-5」が正解。「It is natural for Japanese to make mistakes in English. (日本人が英語の間違いをするのは当たり前ですよ。)」となります。It is ... for ～ to V「～が V するのは…だ」。make mistakes は「間違いをする」。

問20：「7-6-2-5-1-4-3」が正解。「The broken-hearted young man is said to have set out on a long journey. (恋に破れた若者は長い旅に出たということです。)」となります。時制にズレがある場合は be said to の後ろは have Vpp。set out「出発する」。

解答

第1問	問1　③	問2　②	問3　①	問4　④	問5　①
	問6　①	問7　①	問8　④	問9　③	問10　②
	問11　①	問12　④	問13　②	問14　④	問15　③
第2問	問16　②	問17　①			
第3問	問18　③	問19　④	問20　①		

SCORE	1st TRY /20点	2nd TRY /20点	3rd TRY /20点	CHECK YOUR LEVEL	▶ 0 ～ 12 点 ➡ *Work harder!*　▶ 13 ～ 16 点 ➡ *OK!*　▶ 17 ～ 20 点 ➡ *Way to go!*

品詞に気をつけて単語を暗記しましょう

英語の勉強で一番つらいのが，英単語・熟語の暗記ではないでしょうか。暗記が得意な人なんていません。だからこそ，いろいろと工夫して暗記するようにしましょう。

脳は刺激すればするほど強い印象が残るので，英単語・熟語を忘れにくくなります。ですから，英単語を暗記するときには，できるだけ声に出したり，手を動かして書いてみたりしましょう。

また，暗記は時間よりも集中力が大切です。机に座って堅苦しく長々とやるよりも，電車の中の 15 分間や畳の上でゴロゴロしているときの方が単語をたくさん暗記できたりするものです。暗記は自分に合った場所や方法で行い，形式よりも能率を重視しましょう。

また，単語を暗記するときには，**品詞**に気をつけるように心がけましょう。例えばこの問題を見てください。

> 雨にもかかわらず，彼は外出した。
> (① Despite / ② Although) it was raining, he went out.

答えは② Although です。「かかわらず」という日本語につられて，① Despite を選んだ人も多いと思いますが，despite は直後に名詞をとる**前置詞**です。ここでは it was raining という，「節」が後ろに来ていますね。だから，**接続詞**の② Although が正解なのです。

このように，英文法問題で点数をとるためには，ただ日本語の意味を詰め込み暗記するだけではなく，例文の中で品詞に注意して単語を記憶することが重要です。

LV3
STAGE-2

> 動名詞とは，動詞を –ing 形にして名詞の働きをさせる用法のことです。もちろん名詞の働きをするわけですから，主語，目的語，補語だけでなく，前置詞の後ろに来る名詞などとしても使うことができます。

1 to Ving の熟語

> 問　I can't get used to ▢ in the big city.
>
> ① live　　　② lived　　　③ living　　　④ be living
>
> 〔北海学園大（経）〕

　この熟語 **get used to Ving**（**V するのに慣れる**）の to は不定詞ではなく**前置詞**です。前置詞の直後には不定詞を置くことはできないため，**動名詞**が来なければなりません。

　不定詞の to と混同して，get used to **V** としないよう気をつけましょう。また，以下の表現は頻出なので，覚えてしまいましょう。

　答⇒③（訳：私は大都市に住むのに慣れることができない。）

━━━━━━● to Ving の熟語 ●━━━━━━

☐ get[be] used to Ving　　　　　　＝ V するのに慣れる［慣れている］

　例 He got used to speaking French.
　　（彼はフランス語を話すのに慣れた。）

☐ look forward to Ving　　　　　　＝ V するのを楽しみに待つ

　例 I'm looking forward to going on a vacation next month.
　　（私は来月の休暇に出かけるのを楽しみにしています。）

☐ when it comes to Ving　　　　　＝ V することとなれば

　例 When it comes to swimming, my mother is the best.
　　（泳ぐことになると，私の母は一番です。）

2 動名詞のみを目的語にとる動詞

問 Have you finished ☐ a letter to your friend?

① of writing ② to write ③ writing ④ write

〔名古屋学院大（経済・外国語）〕

動詞によって不定詞または動名詞だけを目的語にとったり，両方とも目的語にとれたりと，さまざまな制約があります。**finish** は動名詞のみを目的語にとる動詞なので，答えは③ writing です。

動名詞のみを目的語にとる動詞は頻出なので，まとめて覚えておきましょう。何度も例文を声に出して読んで，覚えるのがオススメです。

答⇒③（訳：友達への手紙を書き終えましたか。）

● 動名詞のみを目的語にとる動詞 ●

☐ mind Ving ＝ V することを気にする
例 She didn't mind waiting for her friend at the park.
（彼女は公園で友達を待つことを気にしなかった。）

☐ enjoy Ving ＝ V することを楽しむ
例 He enjoys listening to music.
（彼は音楽を聴くことを楽しむ。）

☐ give up Ving ＝ V することを諦める
例 He didn't want to give up traveling the world.
（彼は世界中を旅行することを諦めたくなかった。）

☐ avoid Ving ＝ V することを避ける
例 I avoid eating snacks to maintain my health.
（私は健康を維持するためにスナック菓子を食べることを避ける。）

☐ escape being V_{pp} ＝ V されるのを免れる
例 Jack escaped being injured in the accident.
（ジャックは事故で怪我することを免れた。）

☐ admit Ving ＝ V することを認める
例 She admitted making a mistake in her report.
（彼女は自分のレポートでミスをしたことを認めた。）

3 目的語が不定詞か動名詞かで意味の変わる動詞

問　Don't forget ☐ off the gas before you leave the house.

① turn　　② to turn　　③ to turning　　④ turned

〔英検準2級〕

　forget の後では，**不定詞には未来的な意味合い，動名詞には過去的な意味合いがあります**。ここでは「(未来に) ガスを消すのを忘れてはならない」と言っているので，未来的な意味合いを持った② to turn の不定詞を選びましょう。

答⇒②（訳：家を出る前にガスを消すのを忘れないでね。）

―――――● 目的語が不定詞か動名詞かで意味の変わる動詞 ●―――――

☐ remember to V　　　　＝忘れずに V する

例 Please remember to **buy** eggs on your way home.
（帰り道に忘れずに卵を買ってください。）

☐ remember Ving　　　　＝V したのを覚えている

例 Mr. Smith remembers **meeting** her two years ago.
（スミスさんは2年前に彼女に会ったことを覚えている。）

☐ try to V　　　　＝V しようとする

例 Mark tries to **save** money to buy a new bicycle.
（マークは新しい自転車を買うためにお金を節約しようとする。）

☐ try Ving　　　　＝試しに V してみる

例 I'm going to try **cooking** lasagna tomorrow.
（明日，試しにラザニアを作ってみるつもりだ。）

☐ regret to V　　　　＝残念ながら V する

例 I regret to **inform** you that the concert has been canceled.
（残念ながらコンサートが中止になったことをお知らせします。）

☐ regret Ving　　　　＝V したのを後悔する

例 He regretted not **studying** for the exam.
（彼は試験の勉強をしなかったことを後悔した。）

4 受動態の動名詞・完了形の動名詞

動名詞も，受動態や完了形をとることができます。

まず，受動態は be 動詞＋V_{pp} でした（→ p.26 *Lesson 02* **1**）。be 動詞の -ing 形は being なので，受動態の動名詞は **being** ＋V_{pp} です。

次に，現在完了形は have ＋V_{pp} でした。have の -ing 形は having なので，完了形の動名詞は **having** ＋V_{pp} です。

このように，元の形をイメージすると覚えやすくなります。これらは「**V されること**」「**（すでに）V したこと**」のように名詞の働きをすることができるため，下記のように表現の幅を広げられるのです。

Lesson **04** 動名詞

● 受動態の動名詞 ●

☐ being V_{pp}　　　　　　＝ V されること

例 **Mari doesn't like** being laughed at by her friends.
（マリは<u>友達に笑われること</u>が嫌いだ。）

● 完了形の動名詞 ●

☐ having V_{pp}　　　　　　＝（すでに）V したこと

例 **I regret** having been to Canada in winter.
（私は<u>冬にカナダに行ったこと</u>を後悔している。）

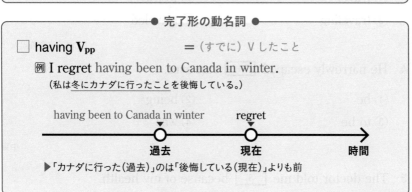

▶「カナダに行った（過去）」のは「後悔している（現在）」よりも前

問1：次の英文の空所に入れるのに最も適当なものを選べ。

☐ 1 I always enjoy 　1　 to classical music when I have some free time.

①listening   ②to listen

③that I listen   ④in listening

〔センター試験〕

☐ 2 There is a severe shortage of water in this city, so we must give up 　2　 a bath occasionally.

①take   ②having

③economize   ④out

〔名古屋工大（後）〕

☐ 3 I usually avoid 　3　 to work during rush hours.

①travel   ②to travel

③traveling   ④traveled

〔北海道文理科短大〈改〉〕

◆難☐ 4 He narrowly escaped 　4　 run over.

①be   ②being

③to be   ④was

〔中京大〕

☐ 5 The doctor told me 　5　 because of my health.

①not smoke   ②not smoking

③to stop smoking   ④to stop to smoke

〔中部大（工・経営情報）〕

頻出☐ 6 A : This bag is so heavy. Would you mind 　6　 it upstairs for me?

B : Not at all, Linda.

①carry   ②to carry

③being carried   ④carrying

〔英検準2級〕

Answers

答1 私は暇なときはいつもクラシックの音楽を聴いて楽しんでいる。

1 ⇒ ① listening

▶ enjoy は後ろに動名詞をとり，**enjoy Ving** で「**V するのを楽しむ**」という意味になります。このように後ろに不定詞ではなく動名詞をとると決まっている動詞は，正確に暗記しておきましょう。

答2 この都市においては深刻な水不足があるので，私たちは時々風呂に入るのを断念しなければならない。

2 ⇒ ② having

▶ **give up Ving** は「**V するのを諦める**」という意味で，不定詞ではなく必ず動名詞を使う表現です。正解は動名詞の ② having。have a bath は「入浴する」という意味の熟語です。

答3 私は混雑時に通勤するのをいつも避けている。

3 ⇒ ③ traveling

▶ avoid という他動詞は，**avoid Ving（V するのを避ける）**という形で，必ず後ろに不定詞ではなく動名詞をとります。ここでは，動名詞の ③ traveling が正解。

答4 彼は危うく車にひかれるのを免れた。

4 ⇒ ② being

▶ escape という他動詞は，後ろに不定詞ではなく必ず動名詞をとります。ただし，後ろの動名詞が受動態になることが普通で，escape being **V**pp という形で使われることが多いです。ここでは受動態の動名詞の being **V**pp の形を作るために ② being を選びましょう。ここでの run は過去分詞形で使われています。

答5 医者は私に，健康のためにたばこをやめるように言った。

5 ⇒ ③ to stop smoking

▶ **tell ~ to V** は「**~に V するように言う**」という構文で，ここではさらに他動詞 stop の語法もわかっていなければ正解できません。**stop Ving** は「**V するのをやめる**」という意味，**stop to V** は「**V するためにやめる，止まって V する**」という意味です。医者は禁煙を勧めるわけですから，③が正解です。

答6 A：このかばんはとても重い。私のためにこれを上の階へ運んでくれませんか。
B：いいですとも，リンダ。

6 ⇒ ④ carrying

▶ mind は「気にする」という意味で，後ろに動名詞をとる動詞。ここでは，**Would you mind Ving?** という形で「**V するのは嫌ですか。**」，すなわち「**V してくれませんか。**」という口語表現。また，Not at all. という答え方にも注意しましょう。mind を否定しているため「全く気にしません。」，すなわち快く応じる意を表しています。

Lesson **04** 動名詞

67

☐ 7   She admits ☐7☐ the ring.

    ① having taken   ② of having taken

    ③ to have taken   ④ for taking

〔目白学園女子短大〕

難 ☐ 8   I regret ☐8☐ my time during the summer vacation.

    ① waste   ② to waste

    ③ to have waste   ④ having wasted

〔東京家政大〕

☐ 9   Have you ever tried ☐9☐ on the river?

    ① skate   ② skating

    ③ to be skating   ④ to have skated

〔京都産業大（理）〕

頻出 ☐ 10 She is always afraid of ☐10☐ mistakes.

    ① made   ② make

    ③ making   ④ to make

〔京都産業大（経・理・工）〕

☐ 11 He doesn't like the idea of ☐11☐ part-time.

    ① my working   ② for me to work

    ③ that I work   ④ my work

〔大妻短大〕

☐ 12 My husband is an expert when it comes ☐12☐ Chinese food.

    ① to cook   ② to cooking

    ③ of cooking   ④ for cooking

〔東京電機大〕

答7 彼女はその指輪をとったのを認めている。

$\boxed{7}$ ⇒① having taken

きそ ▶ admit という他動詞は，後ろに必ず不定詞ではなく動名詞をとります。ここでは，「指輪をとった」のは「認める」よりも前のことですから，ただの動名詞ではなく時制が1つ前のことを表す**完了形の動名詞**，つまり **having V$_{pp}$** という形を使わなくてはなりません。答えは① having taken。

答8 私は夏休み中，時間を無駄に過ごしてしまったことを悔やんでいる。

$\boxed{8}$ ⇒④ having wasted

▶ regret は，後ろに不定詞が来るか動名詞が来るかで意味が変わります。**regret to V** は「**残念ながら V する**」という意味，**regret Ving**，もしくは **regret having V$_{pp}$** という形は「**V したことを後悔する**」という意味です。この場合，不定詞には未来的な，動名詞には過去的な意味合いがあることをヒントにしましょう。

答9 あなたは今までに川の上でスケートをやってみたことがありますか。

$\boxed{9}$ ⇒② skating

▶ try という他動詞は，後ろに不定詞が来るか動名詞が来るかで意味が変わります。**try to V** は「**V しようとする**」の意味になり，**try Ving** では「**V してみる**」という意味になります。ここでは，スケートをやってみるわけですから，② skating が正解。

答10 彼女はいつも間違いをおかすことを恐れている。

$\boxed{10}$ ⇒③ making

⚠ ▶前置詞の後ろには，必ず名詞の働きをするものが続きます。しかし，**不定詞の名詞的用法は前置詞の後ろ，つまり前置詞の目的語としては使うことができません**。前置詞の目的語は動名詞を使わなければならないので，③ making が正解。

答11 彼は，私がアルバイトをするという考えが好きではありません。

$\boxed{11}$ ⇒① my working

▶空所は of という前置詞の目的語になっているから，動名詞の① my working を選びます。my という所有格の代名詞は，動名詞の意味上の主語を表しているので，**my** working で「**私が働くこと**」という意味です。

答12 私の夫は中華料理となると専門家だ。

$\boxed{12}$ ⇒② to cooking

⚠ ▶ **when it comes to Ving (V することとなれば)** の to は**前置詞**ですから，後ろには不定詞ではなく**動名詞**が来ます。これは，注意すべき熟語です。

13 Johnny moved to Spain just a few months ago, so he isn't used ▢13 Spanish yet.

① speaking
② to speak
③ to speaking
④ to be spoken

〔英検準2級〕

14 I am looking forward to ▢14 you again.

① see
② seeing
③ saw
④ have seen

〔東海大(文)〕

15 We don't feel like ▢15 on such a hot day.

① working
② to work
③ to be working
④ to have worked

〔京都産業大(理)〕

16 Is her advice really worth ▢16 ?

① taking
② listening
③ caring
④ talking

〔四天王寺国際仏教大短大部〕

17 All participants made great efforts in the Olympics. We cannot help ▢17 their efforts.

① admire
② admired
③ to admire
④ admiring

〔英検準2級〈改〉〕

18 Bob was seventeen but had no trouble ▢18 for twenty.

① pass
② passed
③ passing
④ to pass

〔神田外語大(英米)〕

※このしおりで本書の右ページ（解答・解説）を隠すことができます。

得点表

項目	問題数	空欄数	目標点	1回目	2回目	3回目
STAGE-1				得点（日付）	得点（日付）	得点（日付）
Lesson 01 動詞・時制	28	33	27	点（ ／ ）	点（ ／ ）	点（ ／ ）
Lesson 02 受動態	28	33	27	点（ ／ ）	点（ ／ ）	点（ ／ ）
Lesson 03 不定詞	28	33	27	点（ ／ ）	点（ ／ ）	点（ ／ ）
◆中間テスト①	20	20	17	点（ ／ ）	点（ ／ ）	点（ ／ ）
STAGE-2						
Lesson 04 動名詞	28	33	27	点（ ／ ）	点（ ／ ）	点（ ／ ）
Lesson 05 分詞	28	33	27	点（ ／ ）	点（ ／ ）	点（ ／ ）
Lesson 06 分詞構文	28	33	27	点（ ／ ）	点（ ／ ）	点（ ／ ）
◆中間テスト②	20	20	17	点（ ／ ）	点（ ／ ）	点（ ／ ）
STAGE-3						
Lesson 07 関係詞	28	33	27	点（ ／ ）	点（ ／ ）	点（ ／ ）
Lesson 08 比較	28	33	27	点（ ／ ）	点（ ／ ）	点（ ／ ）
Lesson 09 仮定法	28	33	27	点（ ／ ）	点（ ／ ）	点（ ／ ）
Lesson 10 その他	28	33	27	点（ ／ ）	点（ ／ ）	点（ ／ ）
◆中間テスト③	20	20	17	点（ ／ ）	点（ ／ ）	点（ ／ ）
合計	340	390	321	点	点	点

※問題を解いたあと，上の表に得点・日付を記入し，学習の指針などにしてください。
※「問題数」は問題文（□1〜□28）の数，「空欄数」は空欄（ 1 ）の数です（空欄1つを1点として計算）。

本書で使用する記号

◆**S**＝主語 ◆**V**＝動詞（原形） ◆**O**＝目的語 ◆**C**＝補語 ◆**S V**＝文・節（主語＋動詞）

◆**Vp**＝過去形 ◆**Vpp**＝過去分詞 ◆**Ving**＝現在分詞（or 動名詞） ◆**to V**＝不定詞

◆〜 ＝名詞 ◆... / … ＝形容詞or副詞 ◆..... / ‥‥‥ ＝その他の要素（文や節など）

◆[ ]＝言い換え可能 ◆( )＝省略可能 ※英文中の( )の場合

◆A / B＝対になる要素（品詞は関係なし）

答13 ジョニーはほんの2，3カ月前にスペインに引っ越してきたので，まだスペイン語を話すのに慣れていない。

[13] ⇒③ to speaking

▶ **be used to Ving**（**V するのに慣れている**）は重要表現です。to が前置詞で，後ろの Ving は動名詞です。**used to V**（**かつて V したものだ**）や，**be used to V**（**V するために使われる**）といったまぎらわしい表現にも注意すること。

答14 もう一度あなたにお会いできるのを楽しみにしています。

[14] ⇒② seeing

きそ ▶ **look forward to Ving** は「**V するのを楽しみに待つ**」という意味で，前置詞 to の後ろに動名詞が来ているのが特徴的な頻出熟語です。ここでは，不定詞と勘違いして① see を選ばないように注意しましょう。

答15 こんなに暑い日に私たちは働きたくはない。

[15] ⇒① working

▶ **feel like Ving** は「**V したい気持ち，V したい気がする**」という，動名詞を使った慣用表現です。

答16 彼女の助言は本当に聞く価値がありますか。

[16] ⇒① taking

▶ **be worth Ving** は「**V する価値がある**」という意味の構文。この構文では，Ving の後ろに主語を置いても文が成り立つような，不完全な形で文が終わっていなければなりません。ここでは，主語の her advice が後ろに続くことができるのは① taking だけ。②・③・④だと，主語を続けるには前置詞が必要です。

答17 すべての参加者はオリンピックで非常に努力した。私たちは彼らの努力を賞賛せざるをえない。

[17] ⇒④ admiring

▶ **cannot help Ving** は「**V せざるをえない**」という意味の慣用表現で，これは **cannot help but V** の形にも書き換えることができます。

答18 ボブは 17 歳だったが，20 歳ということにしても何ら問題はなかった。

[18] ⇒③ passing

⚠ ▶ **have trouble (in) Ving** は「**V するのに苦労する**」という意味で，in を省略できることに注意しておくこと。これは **have difficulty (in) Ving** に書き換えることもできます。pass for 〜 は「〜として通用する」の意味で，pass as 〜 ともいいます。

☐ **19** I'm busy ☐19 for the next exam.

   ① to prepare   ② about preparing

   ③ preparing   ④ prepared

〔流通科学大（情報）〕

☐ **20** There is ☐20 what will happen tomorrow.

   ① not telling   ② not to tell

   ③ no telling   ④ no tell

〔英検2級〕

問2：次の英文の下線部のうち，誤った英語表現を含む番号を選べ。

频出 ☐ **21** ①Have you finished ②to clean your room ③upstairs ④yet?

   誤り＝ ☐21   〔桜美林短大〕

☐ **22** ①Ever since I came back from ②ski last week, I've been busy ③working ④on my new project.

   誤り＝ ☐22   〔桜美林短大〕

☐ **23** It ①was clear ②that Mr. Williams was ③at least worth ④to meet.

   誤り＝ ☐23   〔明海大（経）〕

答19 私は次の試験の準備に忙しい。

19 ⇒③ preparing

▶ **be busy (in) V**ing は「**V するのに忙しい**」という意味の熟語で，in を省略できることに注意しましょう。

答20 明日起こることはわからない。

20 ⇒③ no telling

▶ **there is no V**ing という表現は，「**V することはできない**」という意味の熟語表現で，it is impossible to **V** とも書き換えられます。There is no accounting for tastes. (蓼食う虫も好きずき) ということわざも頻出。なお，問題文の tell は「わかる，判断できる」という意味です。

答21 あなたはもう上の階のあなたの部屋を掃除し終えましたか。

21 ⇒② to clean → cleaning

▶ finish は，後ろに必ず**動名詞**をとる他動詞なので，ここでは to clean を cleaning に訂正しなければなりません。

答22 先週スキーから帰ってきて以来，私は新しい企画の仕事で忙しい。

22 ⇒② ski → skiing

▶日本語では，「スキー」を名詞として使いますが，英語では ski は「スキーをする」という動詞です。名詞で「スキー」というスポーツ名を示すときには，skiing という風に必ず -ing 形にしなければなりません。ここでは，② ski を skiing に訂正する必要があります。

答23 ウイリアム氏は少なくとも会う価値のある人だということは明らかだった。

23 ⇒④ to meet → meeting

▶ worth は，後ろに**動名詞**や名詞が続く特殊な形容詞です。**be worth V**ing (**V する価値がある**) という形で覚えておくと良いでしょう。

問3：日本文に合う英文になるように選択肢の語を並べ替え，空所に入るものを選べ。

☐ **24** 私はロッキー山脈でスキーを楽しむためにカナダを訪れようと思っている。

I am ＿＿＿ ☐24 ＿＿＿ ＿＿＿ ＿＿＿ ＿＿＿ ☐25 ＿＿＿ in the Rockies.

① of ② visiting ③ skiing ④ to

⑤ Canada ⑥ enjoy ⑦ thinking 〔桜美林短大〈改〉〕

難 ☐ **25** あの湖を見ると，君は必ずその美しさに心を打たれます。

You ＿＿＿ ☐26 ＿＿＿ ☐27 ＿＿＿ ＿＿＿ by its beauty.

① impressed ② never ③ see ④ being

⑤ without ⑥ the lake 〔京都学園大〕

頻出 ☐ **26** 給料が安いため，彼は彼女と結婚できない。

＿＿＿ ＿＿＿ ＿＿＿ ☐28 ＿＿＿ ＿＿＿ ☐29 ＿＿＿ ＿＿＿ .

① prevents ② salary ③ from ④ him

⑤ low ⑥ marrying ⑦ his ⑧ her

〔梅花女子大（英米文）〕

☐ **27** そのことで田中氏と議論しても無駄だ。

＿＿＿ ＿＿＿ ＿＿＿ ☐30 ＿＿＿ ＿＿＿ ☐31 ＿＿＿ ＿＿＿ about it.

① is ② use ③ Mr. Tanaka ④ it

⑤ arguing ⑥ no ⑦ with 〔梅花女子大（英米文）〈改〉〕

☐ **28** 医者は彼に夜更かしを控えるよう忠告した。

The doctor advised ＿＿＿ ＿＿＿ ☐32 ＿＿＿ ☐33 ＿＿＿ late at night.

① from ② him ③ keep ④ sitting

⑤ to ⑥ up

〔樟蔭女子短大〕

答24 I am thinking **of** visiting Canada to **enjoy** skiing in the Rockies.

⟦24⟧⇒① ⟦25⟧⇒⑥ (7-**1**-2-5-4-**6**-3)

▶ thinking of の of という前置詞の目的語には，動名詞の visiting を置くこと。また，enjoy という他動詞は不定詞ではなく動名詞を目的語にとるので，skiing という動名詞を enjoy に続けましょう。

答25 You never **see** the lake **without** being impressed by its beauty.

⟦26⟧⇒③ ⟦27⟧⇒⑤ (2-**3**-6-**5**-4-1)

▶ **never V₁ without V₂ing** は「**V₁ すれば必ず V₂ する**」という意味の，動名詞を使った重要表現。without という前置詞の後ろには，being **V_pp** の形の受動態の動名詞が来ていることに特に注意しましょう。impress は「感動させる」という意味の動詞なので，being impressed で「感動すること」となります。

答26 His low salary **prevents** him **from** marrying her.

⟦28⟧⇒① ⟦29⟧⇒③ (7-5-2-1-**4**-**3**-6-8)

▶ **prevent ～ (from) Ving** は「**～が V することを妨げる**」という意味の熟語。これとほぼ同じ意味の熟語に，keep ～ from Ving があります。ここでは，「安い給料が，彼が彼女と結婚することを妨げる」と考えて文を並べ替えましょう。

答27 It is **no** use **arguing** with Mr. Tanaka about it.

⟦30⟧⇒⑥ ⟦31⟧⇒⑤ (4-1-**6**-2-**5**-7-3)

▶ **It is no use Ving** は「**V しても無駄だ**」という意味の重要表現。it は形式主語で，動名詞の Ving を指していることにも注意しておくこと。It is no use crying over spilt milk.（覆水盆に返らず）ということわざも頻出です。

答28 The doctor advised him to **keep** from **sitting** up late at night.

⟦32⟧⇒③ ⟦33⟧⇒④ (2-5-**3**-1-**4**-6)

▶ **advise ～ to V** は「**～に V するように忠告する**」という意味。そして，その後ろの **keep from Ving** は「**V するのを控える**」という意味の熟語です。もちろん，from という前置詞の後ろの Ving は動名詞です。ちなみに，「V することを忠告する」と言う場合には，advise は advise Ving のように動名詞のみを目的語にとります。advise to V のように不定詞を目的語にとることはできないので注意しましょう。

REVIEW

動名詞と不定詞の名詞的用法との区別としては，remember や forget の後では，動名詞は過去的な意味合い，不定詞は未来的な意味合いを持つということを学習しました。問題を解く際にはこの違いを意識することが手助けになるでしょう。熟語や，動名詞のみを目的語にとる動詞に関しても，例文を反復練習することで身に付けると良いでしょう。

動詞の形を現在分詞（Ving）や過去分詞（V_{pp}）にすると，まるで形容詞のように使うことができます。これを分詞といいます。分詞を理解するときには，現在分詞には「能動，進行」の意味があり，過去分詞には「受動，完了」の意味があるということを意識しましょう。

1 「させる」という意味を持つ動詞

> 問 The final game made me so ☐ I could not keep sitting on the seat.
>
> ① excite ② excited ③ exciting ④ to excite
>
> 〔東京家政大（文・家政）〈改〉〕

excite という動詞を「興奮する」という意味で覚えている人も多いのですが，実はこの動詞は**「興奮させる」**という意味です。**make O C（O を C にする）**のような第5文型の **C** の部分に空所がある場合には，**O** の部分を基準として「**O** がするか，されるか」で考えましょう。

ここでは「私は興奮させ**られる**」という受動の関係を見抜いて，過去分詞形の② excited を選びましょう。このように，意味を間違えやすい「させる」という意味の動詞は以下のようにまとめて正確に覚えておきましょう。

● 「させる」という意味を持つ動詞 ●

☐ disappoint　　　　　　＝がっかりさせる

　例 Failing the exam made Jane disappointed.
　（試験に落ちたことはジェーンをがっかりさせた。[ジェーンは試験に落ちてがっかりした。]）

☐ excite　　　　　　　　＝興奮させる

　例 My children are excited about traveling to Italy.
　（私の子どもたちはイタリアへの旅行を楽しみにしている。）

☐ surprise　　　　　　　＝驚かせる

　例 John was surprised by the magician's performance.
　（ジョンはマジシャンのパフォーマンスに驚いた。）

□ exhaust   ＝疲れさせる

  例 Long flight made Sarah exhausted.
    （長い飛行はサラを疲れさせた。[長い飛行でサラは疲れた。]）

□ injure   ＝傷つける，怪我をさせる

  例 During the tennis game, I was injured in the knee.
    （テニスの試合中，私は膝を怪我した。）

答⇒② （訳：決勝戦で私はとても興奮してしまって，席に座ったままでいられなかった。）

2 付帯状況の with

問 My uncle stood with his arms 　　　 thinking about his family he had left in his hometown.

① folding   ② fold   ③ folded   ④ having folded

〔大阪経大（経）〕

「**with 目的語 分詞**」の形で「〜を…にして」という意味になりますが，この with の使い方を「付帯状況の with」といいます。分詞が現在分詞か過去分詞かを決める場合には，with の後ろの**名詞**が「**する**」という**能動的**な意味なら**現在分詞**，「**される**」という**受動的**な意味なら**過去分詞**を選びましょう。ここでは，「腕は組まれる」という受動の関係があるので，過去分詞の③ folded が正解。

答⇒③ （訳：私の叔父は立って腕を組み，自分の故郷に置いてきた家族のことについて考えていた。）

3 have 〜 Vpp

> 問 The poor old woman [   ] again.
>
> ① got robbed her bag   ② had her bag stolen
> ③ let her bag to be robbed   ④ was stolen her bag
>
> 〔センター試験（追）〕

　have という動詞には，さまざまな使い方がありますが，試験で頻繁に問われる使い方は，have 〜 V と have 〜 Vpp の区別です。**have 〜 V（〜にVさせる，してもらう）**のときには，目的語（〜）と原形動詞（V）の間に「〜がVする」という能動の関係が必ずあります。また **have 〜 Vpp（〜をVされる，してもらう）**の場合は，目的語と過去分詞の間に必ず「〜がVされる」という受動の関係が成り立ちます。ここでは「彼女のバッグが盗まれる」という受動の関係を捉えて，have 〜 Vpp の形を使った② **had** her bag **stolen** を選びましょう。

　答⇒②（訳：その気の毒な老女は，またバッグを盗まれた。）

4 get 〜 Vpp

> 問 I got my car [   ] by my brother.
>
> ① wash   ② washed   ③ washing   ④ to wash

　get 〜 to V と get 〜 Vpp の使い方もマスターしておきましょう。get 〜 to V（〜にVさせる，してもらう）のときには，目的語（〜）と原形動詞（V）の間に「〜がVする」という能動の関係があるのは，have 〜 V の場合と同じです。しかし，get の場合はVではなく to V が使われることに注意しましょう。get 〜 Vpp（〜をVされる，してもらう）の場合に，目的語と過去分詞の間に「〜がVされる」という受動の関係が成り立つのも，have の場合と同様です。問 の文 I got my car washed by my brother. は I got my brother to wash my car. と書き換えることができます。

　答⇒②（訳：私は兄に私の車を洗ってもらった。）

5 補語としての分詞

look **C**（**C** に見える）のような表現では，補語の **C** の部分には原則として形容詞が用いられます。したがって，この補語の部分に形容詞の働きをする分詞が置かれることがあります。このように，分詞は名詞を修飾する他にも，補語として用いられることがあるのです。補語に分詞をとる動詞の例を確認してみましょう。

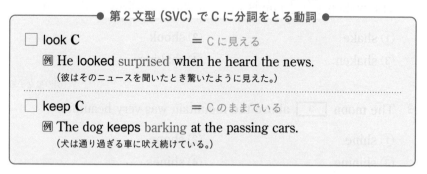

● 第2文型（SVC）で C に分詞をとる動詞 ●

☐ look **C**　　　　　　　　＝ C に見える

例 He looked surprised when he heard the news.
（彼はそのニュースを聞いたとき驚いたように見えた。）

☐ keep **C**　　　　　　　　＝ C のままでいる

例 The dog keeps barking at the passing cars.
（犬は通り過ぎる車に吠え続けている。）

SVC の文では「**S = C**」の関係になるので，分詞がどのような形になるのかは，主語を基準にして考えます。主語を基準にして，能動の関係なら現在分詞 Ving，受動の関係なら過去分詞 V$_{pp}$ が使われます。

● 第5文型（SVOC）で C に分詞をとる動詞 ●

☐ leave **O C**　　　　　　　＝ O を C の状態にしておく

例 My son left the water running.
（私の息子は水を出したまま放っておいた。）

☐ keep **O C**　　　　　　　＝ O を C の状態に保つ

例 Everyone kept the classroom organized.
（みんなによって，教室は整理整頓された状態に保たれていた。）

SVOC の文では「**O = C**」の関係になるので，分詞がどのような形になるのかは，目的語を基準にして考えます。目的語を基準にして，能動の関係なら現在分詞 Ving，受動の関係なら過去分詞 V$_{pp}$ が使われます。

また，上の例文を見て気がついた人もいるかもしれませんが，補語として使われる分詞は surprised や running，organized のように，もともと分詞であったものが形容詞化したものであることが多いです。

問1：次の英文の空所に入れるのに最も適当なものを選べ。

頻出　□1　The pretty girl ［ 1 ］ alone in the corner is Mary Smith.

① standing　　　　　　② is standing
③ stand　　　　　　　④ being stood

〔金蘭短大〕

□2　The bishop ［ 2 ］ hands with the diplomat lives in Canterbury.

① shake　　　　　　　② shook
③ shaken　　　　　　　④ shaking

〔明の星女子短大〕

□3　The moon ［ 3 ］ above the mountain was very beautiful.

① shine　　　　　　　② shone
③ shining　　　　　　④ shines

〔明の星女子短大〕

□4　The teacher caught the student ［ 4 ］ in class.

① sleep　　　　　　　② slept
③ sleeping　　　　　　④ to sleep

〔桃山学院大（経）〕

□5　I saw the glasses I thought I had lost ［ 5 ］ on my bed.

① lie　　　　　　　　② lay
③ laying　　　　　　　④ lying

〔英検2級〕

難　□6　I find it difficult to keep the conversation ［ 6 ］ .

① coming　　　　　　② going
③ holding　　　　　　④ carrying

〔英検2級〕

答**1** 隅に1人で立っているそのかわいい女の子はメアリー・スミスです。

  ⬜1⬜ ⇒ ① standing

  きそ ▶主語の the pretty girl という名詞を，分詞が後ろから修飾する形にします。「少女は立っている」という能動の関係があるので，現在分詞の① standing を選ぶこと。「**standing** alone in the corner」全体が1つの形容詞のかたまりとなって，後ろから名詞を修飾しているわけです。

答**2** その外交官と握手をしている司教はカンタベリーに住んでいる。

  ⬜2⬜ ⇒ ④ shaking

  ▶主語の the bishop を分詞が後ろから修飾している形。「司教は握手をしている」という能動の関係があるので，現在分詞の④ shaking を選びましょう。

答**3** 山の上で輝いていた月はとても美しかった。

  ⬜3⬜ ⇒ ③ shining

  ▶主語の the moon を分詞が後ろから修飾している形。「月は輝いている」という能動の関係があるので，現在分詞の③ shining が答え。

答**4** その教師は授業中眠っている生徒を見つけた。

  ⬜4⬜ ⇒ ③ sleeping

  ▶ **catch ～ Ving** は「～がVしているのを見つける」という意味。「生徒が居眠りをしている」という能動の関係があるので，現在分詞の③ sleeping が正解。この catch は，see や hear のように Ving の代わりに原形不定詞を使うことはできません。

答**5** なくしたと思っためがねがベッドの上にあるのを見つけた。

  ⬜5⬜ ⇒ ④ lying

  ⚠ ▶「知覚動詞＋目的語」の後ろに，どのような形が来るのかという問題です。ここでは，I thought I had lost の部分は the glasses を修飾している部分。目的語の the glasses（めがね）が「横たわっている」という能動の関係を正確に捉えること。自動詞 lie の現在分詞④ lying が正解。

答**6** 私はその会話を続けることが難しいとわかっている。

  ⬜6⬜ ⇒ ② going

  ▶「会話は続く」という能動的な関係があるので，空所には現在分詞が入ります。「続く」という意味を持った go の現在分詞② going を選ぶこと。keep **O C**（O を C の状態に保つ）の C に現在分詞が入った形と考えることができます。

7 At the dance party I saw Peggy ☐7☐ all in red.

① dressed   ② dress

③ dressing   ④ dresses

〔上智短大〕

8 When I mentioned her name, I noticed ☐8☐ .

① he smiling   ② him smiling

③ he to smile   ④ him to smile

〔上智短大〕

難 **9** The air conditioner makes too much noise. You ought to have it ☐9☐ at.

① look   ② looking

③ looked   ④ be looked

〔英検準2級〕

10 He was the only person ☐10☐ in that train accident.

① injure   ② injured

③ injuring   ④ being injured

〔北海学園大（経）〕

11 Every guest ☐11☐ is certain to bring a gift.

① inviting   ② will be invited

③ invited   ④ has been invited

〔南山短大〕

12 The museum is full of important objects ☐12☐ by questionable means.

① acquiring   ② acquired

③ to acquire   ④ acquire

〔目白学園女子短大〕

答7 ダンスパーティーで，私はペギーが全身赤の装いなのを見た。

　　7 ⇒① dressed

▶「〜を着ている」という表現は，過去分詞形を使って dressed in 〜 という形を使います。着用を表す in という前置詞に注意。「彼女は黒い服を着ている」は，She is dressed **in** black. といいます。

答8 私が彼女の名前を呼んだとき，私は彼が笑っているのに気づいた。

　　8 ⇒② him smiling

⚠ ▶ここでは，notice という動詞の目的語の him と smiling の間に，「彼が笑っている」という能動的な関係があることに注目しましょう。notice は知覚動詞なので，原形不定詞もとることができます。

答9 そのエアコンは騒音がとてもひどい。あなたはそれを見てもらうべきだ。

　　9 ⇒③ looked

▶「エアコンが見られる」という受動的な関係を捉えて，過去分詞を使うこと。**have 〜 V_{pp}** は「**〜を V してもらう**」という意味。なお，この look at は「検査する」の意味で，examine で言い換えることができます。

答10 彼はその電車事故で怪我をした唯一の人だった。

　　10 ⇒② injured

▶ injure という動詞は，もともと「傷つける」という意味を持ちます。ここでは「人は傷つけられる」という受動的な関係があるので，② injured という過去分詞形を選ぶこと。injured 以下が前の名詞 person を修飾しています。

答11 招待された客は皆，きっと贈り物を持ってくるだろう。

　　11 ⇒③ invited

▶主語の every guest を後ろから修飾する分詞を答えさせる問題。ここでは「客は招待される」という受動の関係があるので，過去分詞の③ invited が正解です。このように，まれに1語でも後ろから名詞を修飾する場合があります。

答12 その美術館は疑わしい手段によって獲得された貴重品で満たされている。

　　12 ⇒② acquired

▶ important objects という名詞を後ろから修飾する分詞を答えさせる問題。ここでは「物品は獲得される」という受動的な関係があるので，過去分詞の② acquired を選びましょう。

頻出 □ **13** She looked ▢13 when she saw her son after 2 years' absence.

    ① excite   ② excited

    ③ exciting   ④ to excite

〔樟蔭女子短大〕

頻出 □ **14** All you have to do is ▢14 for dinner tonight.

    ① get to dress   ② get dressed

    ③ get dress   ④ get dressing

〔名城大（商）〕

□ **15** In order to keep ▢15 I try to read as much as possible.

    ① inform   ② informed

    ③ informer   ④ informs

〔センター試験（追）〕

□ **16** I have to get this homework ▢16 by next week.

    ① do   ② done

    ③ doing   ④ be done

〔金蘭短大〕

□ **17** The waiting room was so noisy that I couldn't hear my name ▢17 .

    ① called   ② calling

    ③ call   ④ have called

〔英検準2級〕

□ **18** Kate speaks English very fast. I've never heard English ▢18 so quickly.

    ① speak   ② speaking

    ③ spoken   ④ to speak

〔センター試験〕

答13 ２年ぶりに息子に会ったとき，彼女は興奮した様子であった。

　　　⎡13⎤ ⇒② excited

　きそ ▶ **S V C** の **C** に来る分詞を答えさせる問題。**C** に入るものを決定するときには，**S** を基準にして考えること。excite という動詞は「興奮させる」という意味なので，She は「興奮させられる」という受動的な関係になります。よって，過去分詞の ② excited が正解。

答14 あなたは今夜，夕食のために身支度をしさえすればよい。

　　　⎡14⎤ ⇒② get dressed

　きそ ▶「着飾る」という表現は，get dressed, dress oneself, または dress up を使います。ここでは② get dressed が正解。もともとは「衣服を着せられた状態になる」という意味です。ちなみに，**all ～ have to do is (to) V** は「～は V しさえすればよい」という意味の重要表現。この to は省略することもできます。

答15 知識を蓄えるために，私はできるだけたくさん本を読もうとしている。

　　　⎡15⎤ ⇒② informed

　　　▶ **keep C** は「**C** のままでいる」という意味の第２文型 (**S V C**) の構文。不定詞の意味の上での主語は主文の主語ですから，ここでは I を基準に，「私は知らされたままでいる」という受動的な関係を捉えて，② informed を選択すること。inform は「人に知らせる」という意味の他動詞です。

答16 私は来週までにこの宿題を仕上げなくてはならない。

　　　⎡16⎤ ⇒② done

　　　▶ **get O C** は「**O** を **C** にする」という第５文型の構文。第５文型の **C** に空所が来る場合，**O** を意味上の主語と考えて問題を解くこと。ここでの **O** は homework で，「宿題は終えられる」という受動的な関係なので，② done が正解。

答17 その待合室はとてもうるさかったので，私は私の名前が呼ばれているのが聞こえなかった。

　　　⎡17⎤ ⇒① called

　　　▶私の名前は「呼ばれる」という受動的な関係であることを見抜いて，過去分詞の① called を選ぶこと。hear one's name called は「～の名前が呼ばれるのを聞く」という意味の熟語として覚えておくと良いでしょう。

答18 ケイトは英語をとても速く話す。私は英語がそんなに速く話されるのを聞いたことがない。

　　　⎡18⎤ ⇒③ spoken

　　　▶英語は「話される」という受動的な関係を見抜くこと。ここでは，過去分詞の③ spoken が答えです。

☐ **19** Some people leave their cars with the engines 19 when they go shopping for a few minutes.

① run   ② to run

③ ran   ④ running

〔英検準2級〕

◆難 ☐ **20** According to the newspaper, the boy was knocked unconscious and lay on his back with 20 .

① his closed eyes   ② having his eyes closed

③ closing his eyes   ④ his eyes closed

〔明星大(理工－物・化)〕

問2：次の英文の下線部のうち，誤った英語表現を含む番号を選べ。

☐ **21** The mother soothed the ①disappointing child and then ②promised to take him ③on a picnic as soon as it ④stopped raining.

誤り＝ 21   〔上智短大〕

◆難 ☐ **22** Many buses in Japan have ①special seats ②marking "silver seats" for the elderly or ③physically ④handicapped persons.

誤り＝ 22   〔南山短大〕

◆難 ☐ **23** Tom's decayed teeth ①were troubling him, so he went to a dental surgeon ②to see about having ③them ④pull.

誤り＝ 23   〔長崎大〕

答19 数分間買い物に行くとき，エンジンをかけっぱなしで車を離れる人がいる。

$\boxed{19}$ ⇒④ running

▶付帯状況の with の構文では，with の後ろの名詞を基準に能動か受動かを見て，後ろに続くのが現在分詞か過去分詞かを決めます。ここでは「エンジンがかかっている」という能動の関係を見抜いて，④ running を選ぶこと。

答20 その新聞によると，その少年は強く打たれて意識不明になり，目を閉じてあおむけに横たわった。

$\boxed{20}$ ⇒④ his eyes closed

⚠ ▶付帯状況の with の後ろには，「名詞＋分詞」の形が続くことができます。分詞が現在分詞か過去分詞かを決めるときは，名詞を基準にして「する」のか「される」のかを考えてみると良いでしょう。ここでは「彼の目が閉じられている」という受動的な関係があります。③ closing his eyes のように，「with Ving」の形になることはありません。

05
分詞

答21 母はがっかりしている子どもをなだめ，雨がやんだらすぐにピクニックに連れていってあげると約束した。

$\boxed{21}$ ⇒① disappointing child → disappointed child

きそ ▶ disappoint という動詞は「がっかりさせる」という意味。ここでは「子どもはがっかりさせられる」という受動の関係を捉えて，disappointing を disappointed に訂正しましょう。

答22 日本では，たくさんのバスに「シルバーシート」と示された，老人や身体的に障害のある人のための特別席がある。

$\boxed{22}$ ⇒② marking → marked

⚠ ▶「特別席は印を付けられている」という受動の関係を捉えると，② marking を marked に訂正しなければならないとわかります。mark は「〜に印を付ける」という意味の他動詞です。

答23 トムは虫歯に苦しんでいたので，歯を抜いてもらうために歯医者に行った。

$\boxed{23}$ ⇒④ pull → pulled

▶「have ＋目的語」の後ろに来るものが，原形不定詞になるか過去分詞になるかは，目的語が「する」のか「される」のかで考えましょう。ここでは「歯が抜かれる」という受動的な関係を捉えて④ pull を pulled に訂正すること。なお，see about Ving は「V するよう取り計らう」という意味の熟語です。

問3：日本文に合う英文になるように選択肢の語を並べ替え，空所に入るものを選べ。

24 これらの道具は雨の中に置きっぱなしにされている。

These tools ＿＿ ⟨ 24 ⟩ ＿＿ ⟨ 25 ⟩ ＿＿ the rain.

① been ② lying ③ have ④ in

⑤ left

〔四天王寺国際仏教大（文）〕

25 道路にはほとんど雪が残っていなかった。

＿＿ ⟨ 26 ⟩ ＿＿ ＿＿ ⟨ 27 ⟩ ＿＿ ＿＿ ＿＿ .

① road ② left ③ the ④ there

⑤ snow ⑥ was ⑦ on ⑧ little

〔聖学院大〕

26 私は帰宅の途中，電車の中で時計を盗まれた。(1 語不要)

＿＿ ⟨ 28 ⟩ ＿＿ ⟨ 29 ⟩ ＿＿ in the train on my way home.

① watch ② steal ③ I ④ stolen

⑤ my ⑥ had

〔田中千代学園短大〕

27 海外旅行に参加を希望する学生は自由に参加してください。

Students ＿＿ ⟨ 30 ⟩ ＿＿ ＿＿ ＿＿ ⟨ 31 ⟩ ＿＿ free to do so.

① are ② in ③ abroad ④ participate

⑤ to ⑥ travel ⑦ wishing

〔龍谷大（文）〕

28 面接で，彼女はヘミングウェイによって書かれた小説を何冊か読んだと答えた。

At the interview, she answered that ＿＿ ＿＿ ＿＿ ⟨ 32 ⟩ ＿＿

＿＿ ⟨ 33 ⟩ ＿＿ ＿＿ ＿＿ .

① novels ② she ③ read ④ Hemingway

⑤ had ⑥ by ⑦ some ⑧ written

〔金蘭短大〕

答24 These tools have **been** left **lying** in the rain.
　24 ⇒① 　25 ⇒② （3-1-5-2-4）

⚠ ▶ **leave O C**（**O を C のままにしておく**）の受動態，**O be left C** の形にあてはめて並べ替えましょう。「道具が横たわっている」という能動の関係を見抜くこと。この文を能動態に直すと，They have left these tools lying in the rain. となります。

答25 There **was** little snow **left** on the road.
　26 ⇒⑥ 　27 ⇒② （4-6-8-5-2-7-3-1）

▶ snow という名詞を left という過去分詞が後ろから修飾しています。on the road のように修飾語句が続いて2語以上になる場合には，原則的に分詞は後ろから名詞を修飾することに注意しましょう。

答26 I **had** my **watch** stolen in the train on my way home.
　28 ⇒⑥ 　29 ⇒① （3-6-5-1-4）不要＝② steal

⚠ ▶ ここでは **have ～ V_pp**（**～を V される**）の形にあてはめて並べ替えると良いでしょう。「時計が盗まれる」という受動の関係を正確に見抜くことが大切です。

答27 Students wishing **to** participate in travel **abroad** are free to do so.
　30 ⇒⑤ 　31 ⇒③ （7-5-4-2-6-3-1）

▶ 主語の students を wishing という分詞が後ろから修飾し，その後で動詞の are が出てくることに注意して並べ替えることが大切。また，**participate in ～**（**～に参加する**），**be free to V**（**自由に V する**）という熟語にも注意しましょう。

答28 At the interview, she answered that she had **read** some novels **written** by Hemingway.
　32 ⇒③ 　33 ⇒⑧ （2-5-3-7-1-8-6-4）

▶ some novels という名詞を，後ろから written という分詞が修飾しています。「小説は書かれる」という受動的な関係があるので，ここでは過去分詞の written が使われています。

REVIEW

excite「興奮させる」のように「させる」という意味を持つ動詞に関しては，はじめは混乱してしまうかもしれません。exciting「興奮させるような」モノ，excited「興奮させられた」ヒトのイメージを頭に入れ，逆になってしまわないように気をつけましょう。一度この違いが理解できれば，他の動詞についても同様に使い分けができるでしょう。

分詞構文

> 動詞を現在分詞や過去分詞に変えて，文頭，文中，文末に置き，「**V** するので，**V** するとき」のようなさまざまな意味で副詞的に使う用法のことを分詞構文といいます。ここでは，その分詞構文の基本的な使い方をまず押さえます。

1 分詞構文の基本形

問 ⬚ in a very difficult situation, the doctor never had any rest.

① Work   ② Working   ③ Worked   ④ To work

〔センター試験（追）〕

　これは最も基本的な分詞構文の形です。分詞構文の主語にあたるのは主文の主語の the doctor で，主文の時制と分詞構文の時制は同じ。このようなときには，最も基本的な分詞構文の② Working を選びましょう。

答 ⇒② （訳：ひどく困難な状況で働いていたため，その医者は全く休むことができなかった。）

2 受動分詞構文

問 ⬚ from a distance, the mountain looks like a dog's head.

① Seen   ② Seeing   ③ See   ④ Saw

〔英検準2級〕

　主文の主語の the mountain は，見る方ではなく見**られる**方です。このように主文の主語が「される」という受動の関係がある場合には，過去分詞の分詞構文（受動分詞構文）を使います。分詞構文が現在分詞になるか過去分詞になるかは，主文の主語を基準に判断しましょう。

答 ⇒① （訳：遠くから見ると，その山は犬の頭のように見える。）

3 独立分詞構文

All things ⬚ , he did unusually well.

① being considering ② considered

③ considering   ④ were considered

〔明治学院大（経 − 経）〕

　ここでは主文の主語と分詞構文の主語が違うので，分詞構文の前にはその主語となる all things が置かれています。このような場合は分詞構文の主語を基準にして，「する」という能動の意味なら現在分詞，「される」という受動の意味なら過去分詞を選びましょう。ここでは「すべての物事は考慮**される**」という受動の関係を見抜いて，過去分詞形の② considered が正解です。

　all things considered のように，熟語化した分詞構文はまとめて覚えておくと便利です。また熟語化した分詞構文の中には，本来あった主語の we や they が省略されて，主文と主語が一致しないようなものもありますが，問題を解くときには熟語だと割り切って解答しましょう。

　答⇒②（訳：すべてのことを考慮に入れれば，彼はとても良くやった。）

● 頻出の独立分詞構文 ●

☐ all things considered ＝すべてのことを考慮に入れれば

= all things taken into consideration[account]

例 All things considered, I think that it's best to postpone the project.
（すべてのことを考慮に入れれば，私はプロジェクトを延期することが最善だと考えている。）

☐ other things being equal ＝他の条件が同じならば

例 Other things being equal, a lower price is better.
（他の条件が同じなら，価格が低い方が良い。）

☐ strictly speaking ＝厳密に言えば

例 Strictly speaking, Mary arrived two minutes late for the class.
（厳密に言えば，メアリーは２分遅れて授業に到着した。）

☐ talking[speaking] of 〜 ＝〜と言えば

例 Talking of technology, the new smartphones are wonderful.
（テクノロジーと言えば，新しいスマートフォンは素晴らしい。）

Lesson
06
分詞構文

問1：次の英文の空所に入れるのに最も適当なものを選べ。

☐ 1 　1　 the bell, the workers knew it was time to start working.

① Hearing ② Heard

③ To hear ④ To have been heard

〔東京成徳短大〕

頻出 ☐ 2 　2　 at the station, I found the train had already left.

① To arrive ② Arriving

③ Arrived ④ Arrive

〔田中千代学園短大〕

難 ☐ 3 　3　 , David jumped into the river and saved the drowning child.

① Good swimmer as he is ② He could swim very well

③ He was a good swimmer ④ Being a good swimmer

〔東横学園女子短大〕

☐ 4 　4　 near the station, the hotel is very convenient.

① To be located ② Located

③ Locating ④ To be locating

〔上智短大〕

☐ 5 　5　 the river, we put up a tent for the night.

① Reach ② Reached

③ Reaching ④ To reach

〔東京家政大（文）〕

☐ 6 Sam had to stay in France on business for three months, 　6　 his wife in Japan.

① leaves ② left

③ leaving ④ to be left

〔英検準2級〕

英語長文レベル別問題集 改訂版

シリーズ累計**140**万部のベストセラーがついに改訂！

＼ 圧倒的速読力を養成！／

中学レベルからの
やさしい演習！

やさしい長文で
基礎を固めよう！

入試標準レベルの
英文に慣れよう！

共通テスト＆中堅私大で
高得点をねらおう！

有名私大合格レベルの
得点力を身につける！

難関大入試に向けて
万全な固めをしよう！

【著】安河内哲也／大岩秀樹
【定価】レベル①～④：900円＋税／レベル⑤～⑥：1,000円＋税
【体裁】A5判／144～192頁／3色刷

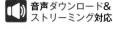
音声ダウンロード＆
ストリーミング対応

音読練習用動画＆
リスニング動画付き

本シリーズの特長

1 中学レベルから最難関大学レベルまで，
自分に合ったレベルからスタートして段階的に実力アップ！

2 実際の入試で出題された良質な英文を厳選。
改訂にともない，最新の傾向に合ったテーマの英文を新規収録！

3 すべての問題文（英文）に音声＆2種類の動画付き！
リーディング力とリスニング力を同時に強化！

志望校と本シリーズのレベル対照表

難易度	偏差値	志望校レベル		英検	本シリーズのレベル（目安）
		国公立大	私立大		
難 ↑	〜67	東京大，京都大	国際基督教大，慶應義塾大，早稲田大	準1級	⑥最上級編
	66〜63	一橋大，東京外国語大，筑波大，名古屋大，大阪大，北海道大，東北大，神戸大，東京都立大，大阪公立大	上智大，明治大，青山学院大，立教大，中央大，同志社大		⑤上級編
	62〜60	お茶の水女子大，横浜国立大，九州大，名古屋市立大，千葉大，京都府立大，奈良女子大，金沢大，信州大，広島大，都留文科大	東京理科大，法政大，学習院大，武蔵大，中京大，立命館大，関西大，成蹊大	2級	④中級編
	59〜57	茨城大，埼玉大，岡山大，熊本大，新潟大，富山大，静岡大，滋賀大，高崎経済大，長野大，山形大，岐阜大，三重大，和歌山大	津田塾大，関西学院大，獨協大，國學院大，成城大，南山大，京都女子大，駒澤大，専修大，東洋大，日本女子大		
	56〜55	【共通テスト】，宇都宮大，広島市立大，山口大，徳島大，愛媛大，高知大，長崎大，福井大，大分大，鹿児島大，福島大，宮城大	玉川大，東海大，文教大，立正大，西南学院大，近畿大，東京女子大，日本大，龍谷大，甲南大	準2級	③標準編
	54〜51	弘前大，秋田大，琉球大，長崎県立大，青森公立大，石川県立大，秋田県立大	亜細亜大，大妻女子大，大正大，国士舘大，東京経済大，名城大，福岡大，杏林大，白鷗大，京都産業大，創価大，帝京大，城西大		
	50〜	北見工業大，室蘭工業大，釧路公立大，公立はこだて未来大，水産大	大東文化大，追手門学院大，関東学院大，桃山学院大，九州産業大，拓殖大，摂南大，沖縄国際大，札幌大		②初級編
易	—	難関公立高校（高1・2生）	難関私立高校（高1・2生）	3級	①超基礎編
		一般公立高校（中学基礎〜高校入門）	一般私立高校（中学基礎〜高校入門）		

お問い合わせ　株式会社ナガセ　出版事業部（東進ブックス）
〒180-0003 東京都武蔵野市吉祥寺南町1-29-2
TEL：0422-70-7456 ／ FAX：0422-70-7457

東進ブックス

答1 その鐘を聞いて，労働者たちは仕事が始まる時間だということを知った。
⬜1 ⇒① Hearing
▶鐘を聞いたのも労働者が知ったのも同じ時制です。また，「労働者は聞く」という能動の関係があるので，一番基本的な分詞構文① Hearing を選びましょう。

答2 駅に着いたとき，私はその電車がすでに発車していたことがわかった。
⬜2 ⇒② Arriving
きそ ▶私が気づいたのも，駅に到着したのも同じ時制です。また，「私は到着する」という能動の関係があるので，最も基本的な分詞構文② Arriving を選びましょう。

Lesson 06 分詞構文

答3 泳ぎが上手だったので，デイビッドはその川に飛び込み溺れかけた子どもを助けた。
⬜3 ⇒④ Being a good swimmer
▶デイビッドが川に飛び込んだのも，泳ぎが上手だったのも同じ時制です。また「デイビッドは泳ぎが上手」という能動的な関係を捉えると，答えは④ Being a good swimmer という最も基本的な分詞構文だとわかります。また，接続詞なしで文と文をつなぐことはできないので，②・③が不可になることにも注意しましょう。

答4 駅の近くに位置しているので，そのホテルはとても便利だ。
⬜4 ⇒② Located
きそ ▶ locate という動詞は，「（建物などを）置く」という意味です。ここでは主文の主語であるホテルが「駅の近くに置かれる」という受動的な意味を捉えて，② Located を選ぶこと。「そのホテルは駅の近くにある」は，The hotel is **located** near the station. といいます。

答5 川に到着して，私たちはテントを張って夜に備えた。
⬜5 ⇒③ Reaching
▶テントを張ったのも川に到着したのも同じ時制です。「私たちが川に着く」という能動的な関係を捉えて③ Reaching を選ぶこと。この文は，We reached the river, and (we) put up a tent for the night. と書き換えることもできます。

答6 サムは彼の妻を日本に残したまま，仕事で3カ月間フランスに滞在しなければならなかった。
⬜6 ⇒③ leaving
▶これは「‥‥‥した状態で」という意味を持った，付帯状況の意味の分詞構文。この意味の分詞構文は文末に付きます。サムは妻を残す方なので③ leaving を選びましょう。ここでの leave は「残す」という意味で使われています。

7　[7]　where to go, I stayed at home all day long.

① Don't know　　　　② Not knowing
③ Unknowing　　　　④ No knowing

〔京都外国語短大〕

8　[8]　in easy English, this paperback would be very good for you.

① Written　　　　② Write
③ Writing　　　　④ To write

〔上智短大〕

9　[9]　at that corner, you'll see the college.

① If you turn for left　　　　② You turning the left
③ Turning to left　　　　④ Turning left

〔関西外国語大短大部〕

10　Masao, [10] at the news of the earthquake, couldn't utter a word.

① shock　　　　② shocking
③ shocked　　　　④ having shocked

〔山脇学園短大〕

11　[11]　from a distance, the cactuses look like human beings.

① Seen　　　　② Seeing
③ To see　　　　④ Having seen

〔南山短大〕

12　[12]　the fire, the firemen urged the crowd to leave; accordingly, they returned to their homes.

① For putting out　　　　② Having put out
③ Being put out　　　　④ Having been put out

〔明星大（理工－物・化）〕

答7 どこに行けばよいのかわからなかったので，私は1日中家にいました。

⬜7 ⇒② Not knowing

▶分詞構文を否定にする場合には，分詞の直前に否定語のnotなどを置きます。ここでは② Not knowing が正解。

答8 簡単な英語で書かれているので，この文庫本はあなたにとても良いだろう。

⬜8 ⇒① Written

▶分詞構文が Ving か Vpp かは，主文の主語が「する」のか「される」のかで見抜くことができます。ここでは，「paperback は書かれる」という受動的な意味をとらえて，① Written が正解。

答9 あの角を左に曲がれば，あなたはその大学が見えるだろう。

⬜9 ⇒④ Turning left

▶これは「‥‥すれば」という意味を持った，条件の意味の分詞構文。「左に曲がる」は，turn left もしくは turn to the left と表現します。ここでは，you が見るのも曲がるのも同じ時制です。「あなたが曲がる」という能動的な意味を捉えて，最も基本的な分詞構文④ Turning left を選びましょう。

答10 地震の知らせに衝撃を受けたマサオは言葉を発することができなかった。

⬜10 ⇒③ shocked

▶shock という動詞は，「衝撃を与える」という意味です。ここでは主文の主語のマサオが「衝撃を与えられた」という受動の関係を正確に捉えて，過去分詞の③ shocked を選ぶこと。

答11 遠くから見るとそのサボテンは人間のように見える。

⬜11 ⇒① Seen

▶主文の主語のサボテンが「見られる」という受動の関係を正確に捉えて，過去分詞の① Seen を選びましょう。直訳すると「遠くから見られると」ですが，日本語訳では，このように「遠くから見ると」とするのが自然です。

答12 火を消してしまったので，消防隊員はやじうまに帰るように言った。したがって彼らは家へ帰っていった。

⬜12 ⇒② Having put out

▶put out は「火を消す」という意味。「消防隊員がやじうまに帰るように言った」のより，「火を消した」のは前のことです。このように主文の時制よりも前のことをいう分詞構文は，having Vpp という形になります。ここでは②が正解。④は受動態なので不可です。put の活用は put-put-**put** です。

Lesson **06** 分詞構文

☐ **13** [13] well the night before, I felt much better.

   ① Sleeping   ② To sleep

   ③ To have slept   ④ Having slept

〔金城学院大短大部〕

頻出 ☐ **14** All things [14] , she was very lucky in the accident.

   ① consider   ② considered

   ③ considering   ④ to consider

〔梅花女子大（文）〕

☐ **15** Strictly [15] , this is wrong.

   ① spoken   ② to speak

   ③ speaking   ④ spoke

〔明の星女子短大〕

☐ **16** [16] his age, the President looks pretty young.

   ① Consider   ② Considered

   ③ Having considered   ④ Considering

〔東京電機大〕

☐ **17** [17] Shakespeare, have you ever visited Stratford-upon-Avon?

   ① Speak of   ② Speaking of

   ③ To speak of   ④ Spoken of

〔上智短大〕

☐ **18** [18] , the simplest explanation is the best.

   ① Being other things equal   ② Being equal to other things

   ③ Other things being equal   ④ Other things equal being

〔聖学院大（政経）〕

答13 前の夜よく寝ていたので，私はずっと気分が良かった。

  13 ⇒④ Having slept

  きそ ▶「私の気分が良い」よりも，「前の夜よく寝た」のは時制が前のことです。よって，前の時制を表す分詞構文 having V$_{pp}$ を使った④ Having slept が正解です。sleep の活用は sleep-slept-**slept** です。

答14 すべてのことを考慮に入れれば，彼女は事故のときとても幸運だった。

  14 ⇒② considered

  ▶分詞構文の主語にあたる「すべてのこと」は「考慮される」方だから，受動の意味をもった②が正解。「すべてのことを考慮に入れれば」という日本語の能動的な表現に惑わされないように注意すること。all things considered は，熟語として丸暗記しましょう。

答15 厳密に言えば，これは間違っている。

  15 ⇒③ speaking

  ▶ **strictly speaking** は「**厳密に言えば**」という意味の熟語。このような熟語では，主語や時制の一致に関して考える必要はありません。

答16 年齢の割には，大統領はかなり若く見える。

  16 ⇒④ Considering

  ▶ **considering ～**は「～を考慮すれば」という意味です。このような熟語では，主語や時制の一致に関して考える必要はありません。

答17 シェークスピアと言えば，ストラットフォードアポンエイヴォンを訪れたことがありますか。

  17 ⇒② Speaking of

  ▶「～と言えば」という意味を表現するには，**speaking of ～** または **talking of ～** という熟語を使います。これらの熟語表現では，主語や時制を一致させる必要はありません。ここでは② Speaking of が正解。

答18 他のものが同じであれば，最もシンプルな説明が一番良い。

  18 ⇒③ Other things being equal

  ▶分詞構文の主語が主文の主語と違う場合には，その主語を分詞構文の直前に置いて表します。ここでは，③ Other things being equal が正解。Other things が分詞 being の意味上の主語となっています。これも熟語として覚えましょう。

頻出 □ 19 [19] being no bus service in the town, they had to use a taxi.

① There　　　　　　　② Having

③ With　　　　　　　④ Because

〔同志社大（神・法）〕

◆ □ 20 Having been asked to give a speech at the wedding reception, [20] .

① Mr. Saito prepared for some notes

② some notes were prepared by Mr. Saito

③ Mr. Saito prepared some notes

④ some notes were prepared for Mr. Saito

〔松蔭女学院大〕

問 2：次の英文の下線部のうち，誤った英語表現を含む番号を選べ。

□ 21 ①Realized that he ②had left his gloves, he ③returned to the theater ④for them.

誤り＝ [21]

〔山脇学園短大〕

□ 22 ①Writing in simple English, this book is ②suitable ③for ④beginners.

誤り＝ [22]

〔福岡大（工・薬）〈改〉〕

頻出 □ 23 ①Comparing with Americans, ②Japanese people are more likely to go ③in groups ④when traveling, even in their own country.

誤り＝ [23]

〔同志社大（文）〕

答19 その町にはバス便がなかったので，彼らはタクシーを使わねばならなかった。

19 ⇒① There

▶ There 構文を分詞構文にすると，There being 〜 (〜があるので) という形になります。これを否定にすると There being **no** 〜 (〜がないので) という形になります。There は主文の主語 they とは異なるので，省略することはできません。

答20 結婚披露宴のスピーチを頼まれていたので，斉藤さんはいくつかの原稿を用意した。

20 ⇒③ Mr. Saito prepared some notes

⚠ ▶ 分詞構文の主語は，主文の主語と同じでなければなりません。スピーチを頼まれたのは，当然「覚え書き」ではなく「斉藤さん」です。よって，斉藤さんが主語になっている選択肢を選ばなければならないので，③が正解。①の prepared for 〜は「〜に備えて準備をした」という意味になるので不可です。

答21 手袋を忘れたことに気がついて，彼はそれを取りに劇場に戻った。

21 ⇒① Realized → Realizing

▶「彼は手袋を忘れたことに気づく」という能動的な関係があるので，受動的意味をもった過去分詞形の分詞構文は使うことはできません。ここでは Realized を Realizing に訂正する必要があります。

答22 単純な英語で書かれているので，この本は初心者に向いている。

22 ⇒① Writing → Written

きそ ▶ 主文の主語である this book は「書か**れる**」方ですから，受動分詞構文を使って，Writing を Written に訂正しなければなりません。

答23 アメリカ人と比べて，日本人は自分の国でさえ旅行するときは団体で行きたがる。

23 ⇒① Comparing with → Compared with

▶ 日本人はアメリカ人と「比べる」方ではなく「比べ**られる**」方です。このような受動の関係があるときには，過去分詞形の分詞構文を使います。①にある Comparing を Compared に訂正すること。④ when traveling は，「when **they are** traveling」の they are が省略された形です。

問3：日本文に合う英文になるように選択肢の語を並べ替え，空所に入るものを選べ。

24 朝食が済むと，彼女は新聞を読んだ。

Having ＿＿＿ ⎣24⎦ ＿＿＿ , ＿＿＿ ⎣25⎦ ＿＿＿ ＿＿＿ .

① breakfast　　② she　　　③ the　　　④ newspaper

⑤ finished　　⑥ her　　　⑦ read　　〔松阪大（政経）〕

25 あわてて書かれたので，この手紙には間違いが多い。

＿＿＿ ⎣26⎦ ＿＿＿ ⎣27⎦ ＿＿＿ , this letter has many mistakes.

① haste　　② in　　　③ being　　　④ great

⑤ written　　〔四天王寺国際仏教大〕

26 毎日同じ食事でうんざりしたので，今夜は外で食事をするつもりだ。（1語不要）

Tired ＿＿＿ ⎣28⎦ ＿＿＿ ⎣29⎦ ＿＿＿ , I'll dine out tonight.

① every day　　② having　　③ of　　　④ being

⑤ food　　⑥ the same　　〔田中千代学園短大〕

27 何をすればいいかわからなかったので，私は彼に助言を求めた。（1語不要）

＿＿＿ ⎣30⎦ ＿＿＿ ⎣31⎦ ＿＿＿ , I asked for his advice.

① do　　　② knowing　　③ known　　④ not

⑤ to　　　⑥ what　　〔摂南大（工）〕

難 28 趣味が園芸の女性は，街を出るときに夫に植物の世話を任せなければならなかった。

A woman whose hobby was gardening ＿＿＿ ＿＿＿ ＿＿＿ ⎣32⎦

＿＿＿ ＿＿＿ ⎣33⎦ ＿＿＿ .

① charge of　　② of town　　③ had to　　④ her husband

⑤ her plants　　⑥ leaving　　⑦ in　　　⑧ go out

〔白百合女子大〈改〉〕

答24 Having finished **her** breakfast, she **read** the newspaper.

⟨24⟩⇒⑥　⟨25⟩⇒⑦　(5-**6**-1-2-**7**-3-4)

▶「朝食が済む」は「新聞を読んだ」よりも前に起こったことですから，ここでは完了分詞構文の having **V**pp という形を使います。

答25 Being **written** in **great** haste, this letter has many mistakes.

⟨26⟩⇒⑤　⟨27⟩⇒④　(3-**5**-2-**4**-1)

⚠ ▶手紙は「書かれる」方なので，受動態の分詞構文で書かなければなりません。受動態は be **V**pp の形なので，分詞構文にすると being **V**pp となりますが，この **being は省略することもできます**。また，in (great) haste は「(大変) 急いで」という意味です。

答26 Tired of **having** the same **food** every day, I'll dine out tonight.

⟨28⟩⇒②　⟨29⟩⇒⑤　(3-**2**-6-**5**-1) 不要＝④ being

▶この文はもともと，**Being** tired of having the same food ..... という文ですが，**分詞構文では being を省略することができる**ので，過去分詞の tired が先頭に出ています。be tired of ～ (～にうんざりしている) という熟語も覚えておくこと。

答27 Not **knowing** what to do, I asked for his advice.

⟨30⟩⇒②　⟨31⟩⇒⑤　(4-**2**-6-**5**-1) 不要＝③ known

⚠ ▶分詞構文を否定にする場合には，分詞の**直前**に not などの否定語を置くことに注意しましょう。

答28 A woman whose hobby was gardening had to go out of town **leaving** her husband in **charge of** her plants.

⟨32⟩⇒⑥　⟨33⟩⇒①　(3-8-2-6-4-7-1-5)

▶まず go out of town までの文を完成してから，leaving 以下の分詞構文の部分を組み合わせてみること。leaving 以下の分詞構文は，副詞的な働きをしています。leave **O C** は「**O** を **C** (のまま) にしておく」の意味で，ここでは **C** の位置に in charge of ～ (～を担当して) という前置詞句を置きます。

REVIEW

分詞構文は，時や理由，条件のような意味で使うことができると習ったことでしょう。実際にはこれらのどれに該当するかというのは曖昧なときもあり，それほど厳密ではありません。その時々の文脈に応じて自由に解釈してしまって大丈夫です。大切なのは，文を作った人の意図をくみ取ることです。

・・・

■**第1問** 次の空所に入れるのに最も適当なものを選べ。

問1 There are many books worth ⬚ 1 ⬚ .

① reading   ② to read

③ to be read   ④ for reading

問2 "What's your favorite sport?" " ⬚ 2 ⬚ ."

① Playing ski   ② Ski

③ Skiing   ④ To ski

問3 She must have forgotten about ⬚ 3 ⬚ her to come to the meeting.

① we had asked   ② us to ask

③ us to have asked   ④ our asking

問4 I am used to ⬚ 4 ⬚ up late, reading interesting books.

① sit   ② sitting   ③ sat   ④ being sat

問5 She was responsible for looking after the little girl ⬚ 5 ⬚ blouse.

① and wearing long-sleeved

② wearing a long-sleeved

③ worn long-sleeved

④ who wearing a long-sleeved

問6 Bob was reading a novel with all the windows ⬚ 6 ⬚ .

① having closed   ② closed

③ closing   ④ to close

問7 A : Hey, Bob. Where do you have your car ⬚ 7 ⬚ ?

B : At the car wash next to the shopping mall. They do a great job.

① wash   ② be washed   ③ washed   ④ washing

問8 We stopped for a moment and watched them ⬚ 8 ⬚ the new hospital.

① building   ② built

③ having built   ④ to build

問9 I found my dog ⬚9⬚ under the tree in our yard.
    ① lay   ② laying   ③ lie   ④ lying

問10 ⬚10⬚ up, I saw a swan flying right over my head.
    ① Looking   ② To look
    ③ Looked   ④ Being looked

問11 There ⬚11⬚ no bus service at that time of the day, we had to walk all the way to the station.
    ① being   ② was   ③ had   ④ having

問12 ⬚12⬚ from the moon, the earth might look like a ball.
    ① Seeing   ② To see
    ③ Seen   ④ Having seen

問13 I will come, ⬚13⬚ .
    ① weather is permitting
    ② weather will be permitting
    ③ weather permitting
    ④ weather permits

問14 ⬚14⬚ all her work an hour ahead of time, she decided to go to the movies early.
    ① In order to finish   ② If she finished
    ③ When she finishes   ④ Having finished

問15 I remember my mother ⬚15⬚ me how to cook.
    ① teach   ② to teach
    ③ teaching   ④ was taught

■第2問 次の英文の下線部のうち，誤った英語表現を含む番号を選べ。

問16 ☐16

I am ①<u>looking</u> ②<u>forward</u> to ③<u>see</u> ④<u>you</u> soon.

問17 ☐17

①<u>Situating</u> ②<u>on</u> a hill, his house ③<u>commands</u> ④<u>the finest</u> view
that I have ⑤<u>ever</u> seen.

■第3問 下の選択肢を並べ替えて英文を完成させ，空所に入る番号を答えよ。

問18 She had _____ ☐18 _____ _____ _____ .
① computer   ② difficulty   ③ the   ④ in
⑤ operating

問19 When you go abroad, you will realize how inconvenient it is _____
_____ ☐19 _____ _____ _____ in a foreign language.
① make   ② not   ③ to be   ④ able
⑤ yourself ⑥ to   ⑦ understood

問20 Books are _____ ☐20 _____ _____ _____ . （1語不要）
① cheaper   ② commodities ③ compared ④ with
⑤ other   ⑥ another

解答用紙

第 1 問	問 1	問 2	問 3	問 4	問 5
	問 6	問 7	問 8	問 9	問 10
	問 11	問 12	問 13	問 14	問 15
第 2 問	問 16	問 17			
第 3 問	問 18	問 19	問 20		

04-06 中間テスト② 解答

ADVICE

Ving 形の働きを見抜くことは長文読解でも重要です。まず，文中で使われている Ving 形が，動名詞なのか，分詞なのか，分詞構文なのかを見抜いて問題を解いていくこと。目標得点は 17 点以上。

12 点以下の人は，動名詞，分詞，分詞構文とは「何か」という理解が少し足りません。13 点〜16 点の人は，動名詞や分詞などのおおまかな区別はわかっていますが，能動・受動の理解や，意味の上での主語の見抜き方など，細かい点も極めること。17 点以上の人は，間違った問題を完全に復習し，次回は満点を狙いましょう！

解説

■第1問

問1：be worth Ving「V する価値がある」。

問2：スキーは英語で skiing。

問3：動名詞の意味上の主語は，Ving の前に所有格を付けます。

問4：be used to Ving「V することに慣れている」。

問5：wearing という現在分詞が girl を修飾しています。

問6：with 〜 V_{pp}[Ving／形容詞／前置詞＋名詞] で「〜を・・・・・な状態にして」。

問7：have 〜 V_{pp}「〜を V される，〜を V してもらう（依頼）」。

問8：知覚動詞 〜 Ving[V_{pp}]「〜が V している［されている］のを見る・聞く・感じる」。

問9：find 〜 Ving[V_{pp}]「〜が V している［されている］のを見つける」。空所の後ろは副詞句で目的語をとらないので，自動詞の分詞を選ぶこと。lie-lay-lain-lying は「横たわる」という意味の自動詞です。

問10：主節の主語は I で，受動分詞構文の形にすると意味が通じないので④は×。

問11：There being no 〜「〜がないので」は頻出。

問12：the earth は物で，される側なので受動分詞構文。

問13：weather permitting「天気が良ければ」。

問14：分詞構文で主節と従属節の間に時制のズレがある場合は having V_{pp} で表します。

問15：remember Ving「V したことを覚えている」。my mother は Ving の意味上の主語です。remember 〜 (to) V という形は不可。

■第2問

問16：look forward to Ving「Vするのを楽しみに待つ」。

問17：his house は物で，される側なので受動分詞 Situated にします。situate は「位置させる」という意味の他動詞。

■第3問

問18：「2-**4**-5-3-**1**」が正解。「She had difficulty **in** operating the computer.（彼女はコンピューターの扱いに手こずった。）」となります。have difficulty (in) Ving「Vするのに手こずる」。

問19：「2-**3**-4-6-1-5-7」が正解。「When you go abroad, you will realize how inconvenient it is not to be **able** to make yourself understood in a foreign language.（外国に行ってみれば，外国語を話せないことがいかに不便かがよくわかります。）」となります。be able to V「Vできる」を否定にしています。

問20：「1-**3**-4-5-**2**」が正解。「Books are cheaper **compared** with other commodities.（本は他のものに比べると安いものだ。）」となります。compared with ～「～と比べると」。another の後ろに複数形はこないので other を使います。

Lesson 06 中間テスト② 解答

解答

第1問	問1	①	問2	③	問3	④	問4	②	問5	②
	問6	②	問7	③	問8	①	問9	④	問10	①
	問11	①	問12	③	問13	③	問14	④	問15	③
第2問	問16	③	問17	①						
第3問	問18	④	問19	④	問20	③				

SCORE	1st TRY /20点	2nd TRY /20点	3rd TRY /20点	CHECK YOUR LEVEL	▶ 0 ～ 12点 ➡ *Work harder!* ▶ 13 ～ 16点 ➡ *OK!* ▶ 17 ～ 20点 ➡ *Way to go!*

英語を声に出して読んでみよう

．．

　長文でも短文でも，英語は声に出して音読する習慣を身につけることが大切です。声に出して読むことによって，英語特有のリズムや区切れが，だんだんとわかるようになってくるのです。

　また，声に出して読みながら同時に意味がわかるということは，日本語に訳さずに，左から右へと英語の語順のまま意味がわかるということなので，直読直解の訓練としても役に立ちます。さらに，読解のスピードアップにもつながります。

　英語を声に出して読むことに慣れてきたら，次のステップとして，英文を丸ごと暗記してみましょう。日本文を見て，英文がスラスラと言えるようにするためです。この訓練を続けると，誰もが苦手な英作文の攻略に役立ちます。

　私たちは日本人なので,勝手に英語を作ることはなかなかできません。私たちが英作文をするためには，ネイティブの書いたものをそのまま借用するのが一番の近道なのです。ネイティブの書いた正しい英語を，1日1文でもしっかりと暗記してください。頭の中に英文がたまってくると，それらの英文を組み替えて英作文ができるようになるでしょう。

　文法問題が解けるだけではなく，将来的には皆さんに英語が話せるようになってほしいと思っています。暗唱した例文が増えてくると，それらを組み替えて，自分の意思を伝えることもできるようになります。音読と暗唱の訓練は将来のための下準備にもなっているわけです。

LV3
STAGE-3

関係詞

> 関係詞には，関係代名詞と関係副詞があります。関係代名詞は大きく主格，所有格，目的格に分かれます。主格の後ろには動詞が置かれ，所有格の後ろには先行詞の所有物にあたる名詞が置かれ，目的格の後ろには目的語の抜けた不完全な文が置かれます。関係副詞の後ろには完全な文が来ます。

1 関係代名詞の目的格

> 問　The girl ⬜ used to work for our company.
> ① you were talking to　② you were speaking
> ③ who were you talking to　④ whom you were talking
>
> 〔同志社大（経）〕

　関係代名詞の目的格（whom, which, that）の後ろには，目的語が抜けた不完全な文が来なければなりません。「目的語が抜けている」ということは，「**文が他動詞や前置詞で終わった不完全な文**」になっているということです。

　そして，「目的語の抜けている部分に先行詞を持ってくると，文が完成する」ということも覚えておきましょう。

　また，この問題のように，**目的格の関係代名詞は省略されることも多い**のです。例題でも目的格の関係代名詞（whom）が省略されていると考えて，前置詞の後ろに名詞が抜けている① you were talking to を選びましょう。

　「話しかける」という意味の talk は自動詞なので，後ろに名詞を続ける場合は前置詞が必要になります。

　答⇒①（訳：あなたが話していた女の子は，かつて私たちの会社で働いていた。）

2 関係代名詞の what

> 問 I will do ◻ I can do for you.
>
> ① which ② how ③ what ④ that
>
> 〔関西外語大〕

　ここでの **what** は「**the thing(s) which**」と書き換えることができるように，先行詞を中に含んだ，「**‥‥‥なこと［もの］**」という意味を表す特殊な関係代名詞です。もちろん**名詞の働き**をするので，主語，目的語，補語，前置詞の後ろに置くことができます。また，関係代名詞の what は，主格としても目的格としても使うことができるので，後ろには**動詞**か**不完全な文**が続きます。

　これに対して，名詞節を作ることができる接続詞の **that** は，後ろに**完全な文**が続いて「**that S V**」という形になり，「**S が V するということ**」という意味を表します。また意味的にも，what は具体的なものを想起しながら言うようなときに使うのに対し，that は「‥‥‥という事実」といったニュアンスで使われます。

● 関係代名詞 what と接続詞 that の違い ●

☐ **what V** ＝ V すること［もの］

　例 Let's see what happens next.

　= Let's see the things which happen next.

　（次に起こることを見てみましょう。）

- -

☐ **what S V** ＝ S が V すること［もの］

　例 I don't know what he said.

　= I don't know the things which he said.

　（彼が言ったことがわからない。）

- -

☐ **that S V** ＝ S が V するということ

　例 I think that he is honest.

　（彼は正直だと思う。）

　ここでは，do という他動詞の後ろに目的語の抜けた不完全な文が続いているので，③ what を選びましょう。

　答⇒③ （訳：私は君のためにできることをしよう。）

3 関係副詞

　この問題では，主語の後ろに続く関係副詞の節が長すぎるので，全体を整えるために後回しにされています。ですから，先行詞は the day で，空所から後ろが先行詞 the day の修飾部分だと考えましょう。空所の後ろには目的語を持った**完全な文**が続いているので，**時**を表す関係副詞の④ when が正解。

　答⇒④（訳：あなたがそれを実現する日が来るだろう。）

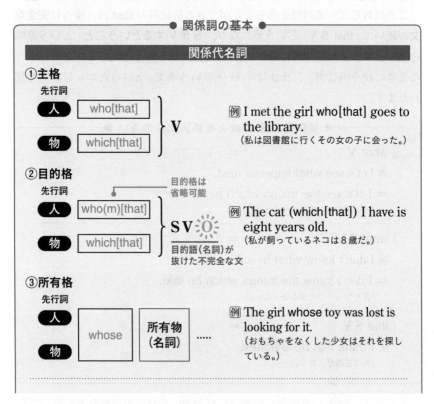

● 関係詞の基本 ●

関係代名詞

①主格

先行詞

人　who[that]

物　which[that]

｝V

例 I met the girl who[that] goes to the library.
（私は図書館に行くその女の子に会った。）

②目的格

目的格は省略可能

先行詞

人　who(m)[that]

物　which[that]

｝S V O

目的語（名詞）が抜けた不完全な文

例 The cat (which[that]) I have is eight years old.
（私が飼っているネコは8歳だ。）

③所有格

先行詞

人

物

whose｜所有物（名詞）……

例 The girl whose toy was lost is looking for it.
（おもちゃをなくした少女はそれを探している。）

112

関係副詞

先行詞

時	when
場所	where
the reason	why
the way	how

} $\dfrac{\text{S V}}{\text{完全な文}}$

例 I remember the day when I first met my husband.
(私は夫と初めて出会った日を覚えている。)

例 Can you tell me the reason why the concert was canceled?
(コンサートが中止された理由を教えていただけますか？)

※「the reason」と「why」はどちらかを省略できる
※「the way」と「how」は，どちらかを必ず省略する

問 1：次の英文の空所に入れるのに最も適当なものを選べ。

☐ 1　The king had a daughter ☐1☐ was very beautiful.

　　① who　　　　　　　② whose
　　③ whom　　　　　　④ those who

〔東海大（文）〕

☐ 2　We should vote for a candidate ☐2☐ we believe is faithful.

　　① which　　　　　　② who
　　③ whose　　　　　　④ whom

〔明の星女子短大〕

☐ 3　Gerry, ☐3☐ mother is French, speaks both French and English fluently.

　　① who　　　　　　　② whom
　　③ whose　　　　　　④ what

〔金蘭短大〈改〉〕

☐ 4　I have never heard of the name of the restaurant ☐4☐ Ben mentioned.

　　① when　　　　　　　② why
　　③ where　　　　　　　④ which

〔明の星女子短大〕

☐ 5　I still cannot understand the reason ☐5☐ he gave me yesterday.

　　① what　　　　　　　② why
　　③ which　　　　　　　④ for which

〔京都外国語短大〕

◆難 ☐ 6　Mr. White, ☐6☐ I introduced you last Monday, wants to see you again.

　　① whom　　　　　　　② that
　　③ to whom　　　　　　④ of whom

〔実践女子短大〈改〉〕

答1 王様にはとても美しい娘がいた。

  ⬚1 ⇒① who

きそ ▶先行詞が人で後ろに動詞が来ているので，ここには関係代名詞の主格① who を使うとわかります。

答2 私たちは信用できると信じる候補者に投票するべきだ。

  ⬚2 ⇒② who

  ▶関係代名詞の主格の who や which の後ろには，that 節をとる believe や think などの動詞を使った節を挿入することができます。ここでは，we believe を挿入部分だと考えて，a candidate を先行詞とする関係代名詞の主格② who を答えとしましょう。

答3 お母さんがフランス人であるゲリーは，フランス語と英語を両方とも流ちょうに話す。

  ⬚3 ⇒③ whose

  ▶ここでは，先行詞 Gerry の所有物にあたる mother が後ろに来ているので，関係代名詞の所有格③ whose が答えです。

答4 私はベンが話題にした飲食店の名前を聞いたことがない。

  ⬚4 ⇒④ which

  ▶ mention は他動詞だから，空所の後ろは目的語が抜けている不完全な文です。よって，空所の中には関係代名詞の目的格が入ります。④ which が正解です。

答5 昨日彼が言った理由を私はまだ理解できない。

  ⬚5 ⇒③ which

⚠ ▶先行詞の reason につられて② why を選ばないように注意。ここでは，後ろに第4文型の give O₁ O₂ の O₂ が抜けた不完全な文が続いているので，関係代名詞の目的格の③ which を選ぶこと。この which は，he gave me **the reason** の the reason に相当する働きをしています。

答6 先週の月曜日にあなたを紹介したホワイト氏が，またあなたに会いたがっています。

  ⬚6 ⇒③ to whom

  ▶「A を B に紹介する」というときは，**introduce A to B** という熟語を使います。ここでは B にあたる Mr. White が先行詞として前に出ています。よって関係代名詞節は人を表す目的格の関係代名詞 whom を用いて whom I introduced you to last Monday となります。問題の英文では you の後の to がないことから，to が前に来た③ to whom が正解。このように前置詞は関係代名詞の前に持ってくることができます。

Lesson

07

関係詞

[頻出] ☐ **7** That was the year ☐7☐ I was born.

① where   ② into which

③ in which   ④ at which

〔大阪経大（経）〕

☐ **8** Canada is the first country ☐8☐ I visited.

① at which   ② that

③ where   ④ of which

〔東横学園女子短大〕

☐ **9** His house stands on a hill ☐9☐ he can have a full view of the lake.

① which   ② how

③ where   ④ when

〔愛知淑徳短大〕

[難] ☐ **10** The southern part of England is ☐10☐ the cornfields commonly are found.

① that   ② what

③ where   ④ which

〔目白学園女子短大〕

[頻出] ☐ **11** She said she had read the book before, ☐11☐ proved to be a lie.

① who   ② which

③ what   ④ that

〔桜美林短大〕

[頻出] ☐ **12** ☐12☐ is often the case with her, she was late for school this morning, too.

① As   ② What

③ That   ④ But

〔昭和女子大短大部〕

答7 あれは私の生まれた年だった。

$\boxed{7}$ ⇒ ③ in which

▶この文は，That was the year **which** I was born **in**. と書き換えることもできます。ここでは，文末の前置詞 in が which の前に移動したと考えて，③ in which を選ぶこと。in が文末にあるときは which（目的格）を省略できますが，in which の which は省略できません。なお，in which = when と書き換えられます。

答8 カナダは私が訪れた最初の国だ。

$\boxed{8}$ ⇒ ② that

▶空所の後ろには，他動詞の visit で終わる不完全な文が続いているので，ここでは関係代名詞の目的格の② that を選ぶこと。ちなみに，先行詞に the first，the only など，強い修飾語が付いている場合，関係代名詞には普通 that を使います。

答9 彼の家は湖が見渡せる丘の上に立っている。

$\boxed{9}$ ⇒ ③ where

きそ ▶空所の後ろが完全な文になっていることに注目しましょう。そして，先行詞が「a hill」で場所を表しているので，関係副詞の③ where が正解です。

答10 イングランドの南部は，一般的にトウモロコシ畑が見られるところだ。

$\boxed{10}$ ⇒ ③ where

⚠ ▶ the place など，わかりきった先行詞が関係副詞の前に来るときは，省略されることもあります。ここでは，空所の前にあるはずの the place が省略されていて，**where S V** だけで「**S が V する場所**」という意味になっています。

答11 彼女はその本を以前に読んだと言ったが，それはうそだとわかった。

$\boxed{11}$ ⇒ ② which

▶関係代名詞の which は，前の文や節全体を先行詞にすることができます。ここでは，前の節「She said she had read the book before,」が② which の先行詞となっています。

答12 彼女にはよくあることなのだが，彼女は今朝も学校に遅れた。

$\boxed{12}$ ⇒ ① As

▶ **as is often the case with ～** は「**～にはよくあることだが**」という，特殊な関係代名詞 as を用いた慣用表現です。この as は，カンマの後ろの内容を指しています。

☐ **13** When I visited my hometown this summer, I found the city different from ☐13☐ it had been ten years before.

① which   ② where

③ what   ④ that

〔英検準2級〈改〉〕

難 ☐ **14** I didn't buy anything because I didn't see ☐14☐ I wanted.

① who   ② whose

③ which   ④ what

〔別府大〕

☐ **15** The tourist information center gave a city map to ☐15☐ asked for it.

① anybody   ② whom

③ whatever   ④ whoever

〔英検準2級〕

難 ☐ **16** There is not one of us ☐16☐ wishes to help you, for you are loved by everybody.

① that   ② who

③ but   ④ as

〔四天王寺国際仏教大短大部〕

頻出 ☐ **17** This book is interesting, and ☐17☐ is more, very instructive.

① which   ② how

③ that   ④ what

〔山脇学園短大〕

☐ **18** The ☐18☐ is one who stands up for his or her rights.

① person, whom I respect most

② person I respect most

③ person whom I respect to most

④ person who respects most

〔昭和女子大短大〕

答13 今年の夏に私が故郷を訪れたとき，私はその街が 10 年前のその街と異なっ
ていることに気づいた。

13 ⇒ ③ what

▶ **what 〜 was** は「昔の〜」という意味の what を使った熟語表現で，**what 〜
used to be** にも書き換えることができます。ここでは found よりもさらに前の時
点を指すので，was ではなく過去完了形の had been が使われています。

答14 私は欲しいものが見あたらなかったので何も買わなかった。

14 ⇒ ④ what

▶ここでは空所の前に先行詞がないので，先行詞を中に含み，後ろに不完全な文
をとる，「こと」「もの」という意味の関係代名詞④ what を選びましょう。

答15 その旅行案内所は，都市の地図を求める人なら誰にでもそれを与えた。

15 ⇒ ④ whoever

きそ ▶先行詞を含んだ関係代名詞の表現 **whoever V**（**V する人は誰でも**）という形にあ
てはまる ④ whoever が正解。これは **anybody who V** と書き換えることもできま
す。また，**whomever S V φ**（**S が V する人は誰でも**）は **anybody whom S V φ**
と書き換えることができます。（φ…目的語が抜けている印）

Lesson
07
関係詞

答16 あなたを助けたいと思わない人は，私たちの中に誰もいません。あなたは
みんなに愛されていますから。

16 ⇒ ③ but

⚠ ▶否定の意味をもつ関係代名詞 ③ but が正解。この but という関係代名詞は，主
に二重否定の文で使われて，「**否定語 先行詞 but .....**」の形で「**・・・・・ ない〜はな
い**」という意味になりますが，現代の口語ではほとんど使われません。

答17 この本は面白くて，さらに，とてもためになる。

17 ⇒ ④ what

▶ **what is more** は，関係代名詞 what を使った「**さらに，その上**」という意味の
熟語です。これは，副詞の **moreover** や **furthermore** に書き換えることができま
す。

答18 私が最も尊敬する人は，自らの権利のために立ち上がる人である。

18 ⇒ ② person I respect most

▶「私が最も尊敬する」という意味を表すためには，関係代名詞の目的格が先行詞
の後ろで省略され，後ろに respect という他動詞の目的語が抜けた不完全な文が来
ている②を選ぶこと。①は，most の後ろにカンマ (,) が必要です。

難 ☐ **19** Robert is not at all ☐19☐ he used to be ten years ago.

    ① which   ② what

    ③ whom   ④ that

〔金蘭短大〕

頻出 ☐ **20** ☐20☐ about John was that he had stayed for a while in Tokyo.

    ① That I knew

    ② What I knew

    ③ Whatever I know

    ④ The little information that I know

〔駒澤短大〕

問2：次の英文の下線部のうち，誤った英語表現を含む番号を選べ。

☐ **21** Ted ①<u>is going to</u> ②<u>build</u> a house ③<u>which</u> roof ④<u>is</u> red.

    誤り＝ ☐21☐   〔東海大（法・教養）〕

☐ **22** At the airport, I ①<u>was waiting</u> ②<u>for</u> some relatives ③<u>whom</u> I had never ④<u>met them</u> before.

    誤り＝ ☐22☐   〔明海大（経）〕

☐ **23** Economics ①<u>is not</u> an easy subject but ②<u>one that</u> ③<u>is very useful</u> to anyone ④<u>which wants to</u> know the mechanism of a society.

    誤り＝ ☐23☐   〔大阪経大（経）〕

答19 ロバートは全く 10 年前の彼ではない。

19 ⇒ ② what

▶ **what ～ used to be** は「昔の～」という意味の熟語表現です。これは **what ～ was** という形でも表すことができます。「今の～」というときには，be動詞を現在形にして **what ～ is** とします。

答20 私がジョンについて知っていたことは，彼がしばらくの間東京に滞在していたことだ。

20 ⇒ ② What I knew

▶関係代名詞の what は「こと」「もの」という意味で，先行詞を中に含み，後ろには不完全な文が続きます。what の節は名詞の働きをするので，主語や目的語，補語の位置に置かれます。この文は **S V C** の構造を持ち，**S** が what の節で，**C** は「・・・・・ ということ」という意味を表す接続詞の that で始まっています。

答21 テッドは赤い屋根の家を建てるつもりだ。

21 ⇒ ③ which → whose

きそ ▶先行詞の house の所有物である roof が後ろに続いているので，③ which を所有格 whose に訂正しましょう。

答22 空港で，私はそれまで一度も会ったことのない親戚を待っていた。

22 ⇒ ④ met them → met

▶関係代名詞 whom の後ろには，他動詞や前置詞で終わる不完全な文が来なければなりません。ここでは，目的語 (them) のある完全な文が来てしまっているので，④ met them を met にして目的語がない不完全な文にしなければなりません。

答23 経済学は簡単な教科ではないが，社会のしくみを知りたい人なら誰にでもとても役に立つ教科である。

23 ⇒ ④ which wants to → who wants to

▶先行詞が anyone という**人**を表す言葉なのに，関係代名詞が which になっています。④にある which を who に訂正しなければなりません。②の one は a subject の意味であり，その後ろの that は主格の関係代名詞です。

問3：日本文に合う英文になるように選択肢の語を並べ替え，空所に入るものを選べ。

24 ビールを飲む女性が，最近増えている。

The ____ ____ [24] ____ ____ ____ [25] ____ of late.

① women ② drink ③ beer ④ number
⑤ increasing ⑥ who ⑦ is ⑧ of

〔武庫川女子大短大部〕

25 彼は大学がいくつかある町に住んでいる。

____ ____ [26] ____ ____ [27] ____ .

① in ② where there ③ a town ④ are
⑤ he lives ⑥ several colleges

〔東海大（理・工）〕

頻出 26 アフリカで飢えに苦しんでいる人々には，早急な援助が必要である。

____ [28] ____ ____ [29] ____ in Africa need urgent help.

① hunger ② suffering ③ those ④ who
⑤ are ⑥ from

〔四天王寺国際仏教大短大部〕

難 27 僕が昔好きだったあの少女はどうなっただろうか。

I ____ [30] ____ ____ ____ [31] ____ I used to feel affection.

① the girl ② for ③ of ④ what
⑤ whom ⑥ has ⑦ wonder ⑧ become

〔愛知女子短大〕

28 短くて面白い物語の本を貸してくださいませんか。

Could you please ____ [32] ____ [33] ____ ____ ____ interesting?

① short ② me ③ a storybook ④ and
⑤ lend ⑥ which ⑦ is

〔武庫川女子大短大部〕

答24 The number of women **who** drink beer **is** increasing of late.

　　 24 ⇒ ⑥　　 25 ⇒ ⑦　　(4-8-1-**6**-2-3-**7**-5)

　　▶主格の関係代名詞 who を使う文です。主格の関係代名詞 who の後ろには動詞が続き，先行詞には人を表す言葉が来ます。**of late**（**最近**）という熟語にも注意。また，the number of ～（～の数）が主語になるとき，動詞は**単数**で受けることにも注意しましょう。

答25 He lives in **a town** where there **are** several colleges.

　　 26 ⇒ ③　　 27 ⇒ ④　　(5-1-**3**-2-4-6)

きそ　▶ where という関係副詞は，場所を表す先行詞をとり，後ろには完全な文が続きます。なお，関係副詞の where は，関係代名詞の目的格を使った in which や at which にも書き換えることができます。

答26 Those **who** are suffering **from** hunger in Africa need urgent help.

　　 28 ⇒ ④　　 29 ⇒ ⑥　　(3-**4**-5-2-**6**-1)

　　▶関係代名詞の主格の who を使った **those who V** という表現は，「**V する人々**」という意味です。「～で苦しむ」は，suffer from ～ という熟語で表します。

答27 I wonder **what** has become of the girl **for** whom I used to feel affection.

　　 30 ⇒ ④　　 31 ⇒ ②　　(7-4-6-8-3-1-**2**-5)

　　▶この文はもともと，「..... the girl **whom** I used to feel affection **for**.」だったと考えます。文末の for という前置詞が関係代名詞の whom の前に移動して，「..... the girl **for whom** I used to feel affection.」という正解の文になったわけです。**what has become of ～**（**～はどうなったか**）という熟語にも注意。なお，feel affection for ～ は「～に愛情を感じる」という意味です。

答28 Could you please lend **me** a storybook **which** is short and interesting?

　　 32 ⇒ ②　　 33 ⇒ ⑥　　(5-**2**-3-**6**-7-1-4)

　　▶関係代名詞の主格 which が使われています。主格の関係代名詞の後ろには，動詞が続きます。Could you V ? は丁寧なお願いをする表現です。

REVIEW

はじめのうちは関係詞を難しいと感じるかもしれません。しかし，使いこなせるようになると，人や物，さらには場所や時，理由について後から情報を付け加えることができて，その便利さに驚かされるでしょう。日本語では前から長く説明することが多いですが，英語では後ろから説明を付け加えることが多いです。この違いに慣れることが英語をマスターするための重要な1ステップです。

比較の問題に強くなるためには，比較の基本用法を覚えるとともに，さまざまな慣用表現をきちんと暗記することが必要です。問題を解きながら，比較の重要表現をしっかりと覚えていきましょう。

1 比較の強調

問 Light travels ☐ than sound.

① fast enough   ② more fast

③ much faster   ④ rather more faster

〔京都産業大（経営・外・法）〕

比較級を強調するには，much，far，even，still などの副詞を使います。「the 最上級」を強調するには，much や by far を使います。さらに「**the very**最上級」という強調の方法があることも覚えておきましょう。

ここでは，fast の比較級 faster を強調するための正しい形を選べば良いので，③ much faster が正解です。

答⇒③（訳：光は音よりもはるかに速く進む。）

● 比較の強調 ●

【比較級の強調】（はるかに…，さらに…）

☐ much ＋比較級

例 The new computer is much faster than the old one.
（新しいコンピューターは古いものよりずっと速い。）

☐ far ＋比較級

例 Jessica is a far nicer person than I expected.
（ジェシカは私が予想していたよりもずっとすてきな人だ。）

☐ even ＋比較級

例 She is even taller than her sister.
（彼女は姉よりもさらに背が高い。）

☐ still ＋比較級

例 The classic novels are still more popular than modern ones.
（古典小説は現代小説よりもさらに人気だ。）

【最上級の強調】(ずばぬけて…)

☐ much the ＋最上級

　例 She's much the fastest runner in my class.

　　（彼女はクラスでずばぬけて最も速いランナーだ。）

☐ by far the ＋最上級

　例 This amusement park is by far the most exciting one in Tokyo.

　　（この遊園地は東京でずばぬけて最も興奮する遊園地だ。）

☐ the very ＋最上級

　例 He is the very best singer in the school choir.

　　（彼は学校の合唱団でずばぬけて一番上手な歌手だ。）

2 比較を使った最上級

問　This apartment 〔　　　〕 in the building.

　① is biggest than any other one

　② is the biggest in any other one

　③ is bigger than any other one

　④ are bigger than any other ones

〔東京電機大〈改〉〕

　最上級の意味を表すために，最上級以外のさまざまな形を使うこともできます。例えば **比較級 than any other 〜** という形は「他のどんな〜よりも…」という意味で，最上級と同じ内容を表すことができます。ここでは③が正解。下の書き換え例文で最上級と同等の表現を確認しておきましょう。

答⇒③（訳：この部屋は，その建物の他のどの部屋よりも大きい。）

――● 比較級と最上級の書き換え ●――

☐ Mt. Fuji is the highest mountain in Japan.

　= **No other** mountain in Japan is higher than Mt. Fuji.

　= **No other** mountain in Japan is as high as Mt. Fuji.

　= Mt. Fuji is higher than **any other** mountain in Japan.

3 倍数表現

> 問　The population of China is about ⬛ that of Japan.
>
> ① ten times as large as　　② as large ten times
>
> ③ as ten times large as　　④ as ten times as large
>
> 〔立命館大（法）〕

　2倍，3倍などの倍数を表現するには，**倍数 as ... as 〜** という形を使います。倍数詞には，「□倍」と言うときは「□ **times**」，**2倍**のときには **twice** も使えます。

答⇒① （訳：中国の人口は日本の約 10 倍だ。）

> 問　このケーキは，先週食べたケーキの半分の甘さです。
>
> The cake ＿＿＿ ＿＿＿ ＿＿＿ ＿＿＿ as the one we had last week.
>
> ① half　　　② sweet　　　③ is　　　④ as

　2分の1倍（半分）や3分の1倍などを表現する際にも，さきほどと同様に分数 as ... as 〜 という形を使います。半分の場合には half を用いて，**half as ... as 〜**と表現します。ここでは half as sweet as 〜で「〜の半分の甘さの」となっています。

答⇒ 3-1-4-2

　　(The cake is half as sweet as the one we had last week.)

● 分数を使った比較表現 ●

☐ a[one] quarter　　　　　　＝4分の1

　例 His salary is a quarter as much as the CEO's.
　　（彼の給料は CEO の給料の4分の1だ。）

･･･

☐ one-□　　　　　　　　＝□分の1

　※□には third, fifth のような序数が入る。

　例 The forest is one-third as large as the entire national park.
　　（その森は国立公園全体の3分の1の大きさだ。）

126

4 that of 〜 / those of 〜

> 問　Today's temperature is 5 degrees higher than 〔　　〕 of yesterday.
>
> ① it　　　　② that　　　　③ those　　　　④ its

　「今日の気温」と「昨日の気温」を比較する文です。today's temperature に対して，than の後ろには the temperature of yesterday と比較したいところですが，代名詞 that を使うことで同じ名詞の反復を避けることができます。the temperature は単数なので that が使われますが，元の名詞が複数形のときは that の複数形 those が使われます。

　答⇒②（訳：今日の気温は昨日よりも 5 度高い。）

● that of 〜 / those of 〜 ●

☐ that of 〜　　　　▶元の名詞が単数形のとき

☐ those of 〜　　　　▶元の名詞が複数形のとき

　例 The cameras on the latest smartphones are much better than those of older smartphones.
（最新のスマートフォンのカメラは，古いスマートフォンのものよりもずっとすぐれている。）

問1：次の英文の空所に入れるのに最も適当なものを選べ。

☐ **1** Truth is ▢1▢ than fiction.

① strange   ② stranger

③ strangely   ④ strangeness

〔東海大〔文〕〕

☐ **2** Which city has ▢2▢ rainfall, Sendai or Fukuoka?

① less   ② lesser

③ smaller   ④ least

〔昭和女子大〕

◆難 ☐ **3** Of the two toys, the little boy chose the ▢3▢ .

① one most expensive   ② less expensive

③ least expensive   ④ expensive of them

〔上智短大〈改〉〕

頻出 ☐ **4** Eddie talks ▢4▢ in his class.

① less than   ② as much as

③ the most   ④ more than

〔共立短大〈改〉〕

☐ **5** I like English better than ▢5▢ subject.

① every   ② any other

③ some other   ④ all the other

〔東京成徳短大〕

☐ **6** Christchurch is ▢6▢ in the world.

① one of the most beautiful cities

② one of most beautiful cities

③ one of the most beautiful city

④ one of most beautiful city

〔金蘭短大〕

答1 事実は小説よりも奇なり。(ことわざ)

　　1 ⇒② stranger

きそ ▶形容詞や副詞を比較級にするには，語尾に -er を付ける方法と前に more を置く方法があります。strange のような短めの単語には，通常 -er を付ける方法がとられます。

答2 仙台と福岡，どちらの都市の方が雨が少ないですか。

　　2 ⇒① less

▶ここでは，仙台と福岡の降水量を比較しています。降水量などの「量」が少ないという場合には，little という形容詞を使うので，ここでは little の比較級の less が入ります。little は，little-**less**-least と活用します。

答3 2つのおもちゃのうち，その小さい男の子は安い方を選んだ。

　　3 ⇒② less expensive

▶「2人の中で」とか「2つの中で」という場合には，日本語でも「一番…」という言葉は使わずに「…な方」という表現を使います。英語でも「2人［2つ］の中で…な方」というときには，「**the 比較級**」という形を使います。

Lesson
08
比較

答4 エディは彼のクラスの中で一番よく話す。

　　4 ⇒③ the most

▶「たくさん」という意味の much を比較級にすると more, 最上級にすると most となります。ここでは「エディは一番話す」という意味にするのが自然なので，③ the most という最上級の選択肢を選びましょう。

答5 私は他のどの教科よりも英語が好きだ。

　　5 ⇒② any other

▶「他のどんな〜よりも…」という意味を表すには，「**比較級 than any other 単数名詞**」という構文を使います。この構文では，any other の後ろが単数名詞になることに特に注意しましょう。また，この文は I like English the best of all subjects. というような，最上級を使った表現にも書き換えることができます。

答6 クライストチャーチは世界で最も美しい町の1つだ。

　　6 ⇒① one of the most beautiful cities

▶「最も…なものの中の1つ」という表現をするには，「**one of the 最上級 複数名詞**」という形を使います。名詞は複数形を使うことに特に注意しましょう。ちなみに，クライストチャーチはニュージーランドにある都市です。

☐ **7** No other mountain in Japan is ☐7☐ Mt. Fuji.

① as higher as ② higher than

③ not as high as ④ the highest of

〔京都産業大（経営・法・理・工）〕

頻出 ☐ **8** This restaurant is ☐8☐ nicer than the one we went to yesterday.

① much ② more

③ too ④ very

〔金蘭短大〕

☐ **9** That dog was ☐9☐ wild as a wolf.

① much ② too

③ as ④ all

〔駿河台大（法）〕

☐ **10** This is the most beautiful picture I ☐10☐ .

① have never seen

② have ever seen

③ have not seen until now

④ had never seen

〔関西外国語大短大部〕

☐ **11** I have an American friend named Tony. ☐11☐ he stays in Japan, the better his Japanese gets.

① The older ② The higher

③ The longer ④ More long

〔英検準2級〕

難 ☐ **12** I love the girl all ☐12☐ for her being poor.

① the more ② more

③ most ④ better

〔獨協大（外）〈改〉〕

答7 日本には富士山よりも高い山はない。

　　　7 ⇒② higher than

　　　▶否定語と比較を組み合わせると，最上級と同じような意味を表すことができます。この問題文は，Mt. Fuji is the highest of all the mountains in Japan. という最上級を使った文に書き換えられます。

答8 このレストランは，昨日私たちが行ったところよりずっと良い。

　　　8 ⇒① much

　　　▶比較級の形容詞や副詞を強調する場合には，much，far，even，still などを使います。very は使えないことに注意しましょう。

答9 あの犬は，狼と同じくらい野生的であった。

　　　9 ⇒③ as

　きそ ▶「～と同じくらい…」という意味を表現するには，「**as 原級の形容詞 [副詞] as ～**」という形を使います。as a wolf の as を単独の前置詞として考えれば「狼として」の意味ですが，主語が dog なので「狼として…」では意味が通じません。よって③が正解です。

Lesson
08
比
較

答10 これは私が今まで見た中で最も美しい写真だ。

　　　10 ⇒② have ever seen

　　　▶「**the 最上級 ～ (that) S have ever V$_{pp}$**」という構文で，「**これまでに S が V した中で一番…な～**」という意味を表すことができます。

答11 私にはトニーという名のアメリカ人の友達がいる。彼が日本に滞在すればするほど，ますます彼の日本語は上達していく。

　　　11 ⇒③ The longer

　　　▶「**the 比較級 S$_1$ V$_1$, the 比較級 S$_2$ V$_2$**」は，「**…に S$_1$ が V$_1$ するほど，…に S$_2$ は V$_2$ する**」という，比例を表すことができる構文です。

答12 私は彼女が貧乏なのでますます好きだ。

　　　12 ⇒① the more

　　　▶「**all the 比較級 for ～**」，また「**all the 比較級 because S V**」は，「**～ [S は V] なのでますます…**」という意味です。名詞が続くときには前置詞の for，節が続くときには接続詞の because を使う点に注意しておきましょう。

頻出 ☐ **13** There were ☐13 a hundred trees in the park.

① not more as   ② as more than

③ less many than   ④ no less than

〔東京都立医療技術短大〈改〉〕

頻出 ☐ **14** The population of Italy is about ☐14 that of Japan.

① as half as   ② half less than

③ half larger than   ④ half as large as

〔四天王寺国際仏教大短大部〕

☐ **15** This wine is ☐15 to that in flavor.

① better   ② more

③ inferior   ④ worse

〔南山大〈外〉〕

難 ☐ **16** The quality of school facilities in Japan is at about the same level ☐16 in Britain.

① as one   ② as that

③ as those   ④ so that

〔京都産業大〈改〉〕

☐ **17** This picture, to say the ☐17 , is one of the most impressive I have seen.

① nothing   ② best

③ most   ④ least

〔梅花短大〈改〉〕

☐ **18** Of course he is quite a good writer, but he is a journalist ☐18 than a scholar.

① better   ② either

③ further   ④ rather

〔京都産業大〈経・理・工・外〉〕

答13 公園には百本もの木があった。

　13 ⇒④ no less than

⚠ ▶ **no less than ～** は「～も，～ほど多く」という意味で，**as many[much] as ～** とも書き換えることができる重要熟語です。**no more than ～** だと「～しか」という意味になり，**only ～** に書き換えることもできます。

答14 イタリアの人口は日本の人口の約半分だ。

　14 ⇒④ half as large as

▶「～倍」や「**半分**」というような倍数や分数を表現するには，「**倍数［分数］as ... as ～**」という形を使うことができます。population（人口）が「多い」「少ない」というときには，large や small を使うことにも注意しましょう。

答15 このワインはあのワインよりもまずい。

　15 ⇒③ inferior

⚠ ▶ inferior（劣っている），superior（優れている）のような形容詞を使う場合には，「～よりも」を表現するのに than を使わずに to を使います。その他，junior（年下である）や senior（年上である）のような形容詞の後ろにも，to が来るので注意しましょう。

答16 日本の学校の施設の質は，イギリスのそれとほぼ同水準である。

　16 ⇒② as that

▶ the same（同じ）という表現は，普通は後ろに as を伴います。また，この文では「日本の学校の施設の質」と「英国の学校の施設の質」を比較しているわけですから，空所には as the quality of school facilities が入るはずです。ただしここでは，the quality of school facilities の反復を避けて that が使われています。

答17 控えめに言っても，この絵は私が今まで見た中で最も印象深いものの１つだ。

　17 ⇒④ least

▶ **to say the least** は「**控えめに言っても**」という意味の重要熟語。ちなみに least は little の最上級で「最も少ない量」という意味を表します。

答18 もちろん彼は文章を書くのがとても上手だが，しかし彼は学者というよりむしろ報道記者だ。

　18 ⇒④ rather

▶ **A rather than B** は「**B というよりもむしろ A**」という意味です。これは，**not so much B as A** とも書き換え可能です。

頻出 □ 19 She is not ⬚19 an actress as a singer.

① as beautiful　　② so famous

③ as such　　④ so much

〔早大（理工）〕

頻出 □ 20 Mary knows ⬚20 to do such a thing.

① too clever　　② clever enough

③ better than　　④ more than

〔四天王寺国際仏教大〕

問2：次の英文の下線部のうち，誤った英語表現を含む番号を選べ。

□ 21 You simply ①must see this movie. It's ②the best exciting film ③I've ④ever seen in my life!

誤り＝ ⬚21

〔学習院女子短大〕

□ 22 She ①thinks she is superior ②than ③us because her father is ④such an important man and ⑤is respected by everybody.

誤り＝ ⬚22

〔梅花短大〕

□ 23 ①The more ②it is dangerous, ③the more ④I like it.

誤り＝ ⬚23

〔和光大（表現）〕

答19 彼女は女優というよりもむしろ歌手である。

19 ⇒ ④ so much

▶ **not so much B as A** は「**B** というよりもむしろ **A**」という意味です。これは，**A rather than B** に書き換えることができます。

答20 メアリーは，そんなことをしないだけの分別はある。

20 ⇒ ③ better than

▶ **know better than to V** は「**V** するほどばかではない」，すなわち「**V しないくらいの分別はある**」という意味です。**know better** だけでも「**分別がある**」という意味で使うことができます。

答21 あなたはこの映画だけは見なければならない。生まれてこのかた私が見た中で最もわくわくする映画だ。

21 ⇒ ② the best exciting film → the most exciting film

▶ exciting という形容詞を最上級にするには，形容詞の前に most を置けば良いので，best を most に訂正しなければなりません。best は good や well の最上級です。

答22 彼女の父親はとても重要な人物で，皆に尊敬されているので，彼女は自分が私たちよりも優れていると思っている。

22 ⇒ ② than → to

▶ superior（優れている）や，inferior（劣っている）という形容詞の後ろでは，than ではなく to を使います。熟語として覚えておきましょう。

答23 それが危険であればあるほど，私はそれを好む。

23 ⇒ ② it is dangerous → dangerous it is

▶ **the 比較級 S₁ V₁, the 比較級 S₂ V₂**（…に S₁ が V₁ すればするほど，…に S₂ は V₂ する）の形です。形容詞 dangerous の比較級は more dangerous なので，① The more の直後に dangerous がきて，**S₁ V₁** にあたる it is は dangerous の**後ろ**に置くのが正しい語順です。

問3：日本文に合う英文になるように選択肢の語を並べ替え，空所に入るものを選べ。

□ **24** オーディションの準備をするのに1カ月もないんだよ。

You have ＿＿＿ [24] ＿＿＿ [25] ＿＿＿ ready for the audition.

① than ② to ③ less ④ get

⑤ a month

〔小樽女子短大〕

頻出 □ **25** 時間を戻すことはできないのと同様に，僕の決心を揺るがすことはできない。

You can ＿＿＿ [26] ＿＿＿ [27] ＿＿＿ .

① shake ② than ③ more ④ time

⑤ turn back ⑥ you can ⑦ no ⑧ my resolution

〔成城短大〕

□ **26** 天気の良い秋の日ほど気持ちの良いものはない。（1語不要）

There ＿＿＿ [28] ＿＿＿ [29] ＿＿＿ a fine autumn day.

① pleasant ② is ③ so ④ nothing

⑤ more ⑥ as

〔田中千代学園短大〕

◆難 □ **27** ロンドンの人口はイギリスの他のどの都市よりもはるかに多い。

The population of London is ＿＿＿ [30] ＿＿＿ [31] ＿＿＿
＿＿＿ ＿＿＿ British city.

① any ② that ③ greater ④ other

⑤ than ⑥ of ⑦ much

〔梅花短大〕

□ **28** このクーラーは旧式の半分の電力しか必要としません。

This air conditioner ＿＿＿ [32] ＿＿＿ [33] ＿＿＿
＿＿＿ as the old model.

① much ② half ③ requires ④ only

⑤ electric ⑥ as ⑦ power

〔梅花短大〕

答24 You have less **than** a month **to** get ready for the audition.
　　24 ⇒ ① 　25 ⇒ ② （3-**1**-5-**2**-4）

きそ ▶ little の比較変化は，little-**less**-least です。ここでは，**less than ～** で「～より**も少ない**」という意味になっています。反対は，more than ～ です。

答25 You can no **more** shake my resolution **than** you can turn back time.
　　26 ⇒ ③ 　27 ⇒ ② （7-**3**-1-**8**-2-6-5-4）

▶ **no more ….. than …..** は「……… でないのと同様に ……… ではない」という否定の構文。**no less ….. than …..** は「……… と同様に ……… である」という肯定の構文です。

答26 There is **nothing** so **pleasant** as a fine autumn day.
　　28 ⇒ ④ 　29 ⇒ ① （2-4-3-1-6） 不要＝⑤ more

▶否定語 **as[so] … as ～** は「～ほど…なものはない」という意味で，最上級と同じような内容を表すことができます。この文は，A fine autumn day is the most pleasant thing. にも書き換えられます。

答27 The population of London is much **greater** than **that** of any other British city.
　　30 ⇒ ③ 　31 ⇒ ② （7-**3**-5-**2**-6-1-4）

A ▶ロンドンの人口と他のイギリスの都市の人口を比較しているわけですから，than の後ろには本来 the population が来なければなりません。ただし，ここでは同じ名詞の反復を避けて，代名詞の that が使われています。「はるかに多い」は，比較級の greater を much で強調して表します。

答28 This air conditioner requires **only** half **as** much electric power as the old model.
　　32 ⇒ ④ 　33 ⇒ ⑥ （3-**4**-2-**6**-1-5-7）

▶倍数や分数を表現するには，**倍数［分数］as … as ～** という形を使います。「2分の1」は **half**，「□倍」は□ **times** というように表します。

REVIEW

解説や問題の中でさまざまな表現を学習しました。例文の内容を頭の中でイメージしながら練習し，これらの表現を頭に入れていくのが良いでしょう。また，形容詞・副詞の比較級や最上級の形については，日頃の学習の中で，英文に出てきたものを少しずつ覚えていくと良いでしょう。

仮定法

実現する可能性が極めて低いことを表して、「もしも ‥‥‥ ならば」というような場合に使われるのが仮定法です。ここでは仮定法の最も基本的な形を、時制に注意して学んでいきましょう。仮定法過去は「現在」の仮定を、仮定法過去完了は「過去」の仮定を表す表現です。

1 仮定法過去

> 問 If I were a little younger, I ☐ you in climbing the mountain.
> ① have joined　　　　② join
> ③ will join　　　　　④ would join
>
> 〔センター試験（追）〕

現在の事実に反する仮定をするときには、「仮定法過去」といって if S_1 V_{1p}, S_2 would V_2 (もしも S_1 が V_1 するならば、S_2 は V_2 するだろう) という形を使います。仮定法では be 動詞は was よりも were が好んで使われ、助動詞は would の代わりに should, could, might なども使われます。

答⇒④ (訳：私がもう少し若かったら、あなたと山登りをするのに。)

2 仮定法過去完了

> 問 If we had taken the other road, we ☐ earlier.
> ① can have arrived　　　② may arrive
> ③ might be to arrive　　　④ might have arrived
>
> 〔龍谷大（文）〕

過去の事実に反する仮定をするときには、「**仮定法過去完了**」といって if S_1 had V_{1pp}, S_2 would have V_{2pp} (もしも S_1 が V_1 していたならば、S_2 は V_2 していただろう) という形が使われます。この形でも助動詞は would の代わりに should, could, might が使われることがあります。

答⇒④ (訳：もし他の道路を通っていたら、私たちはもっと早く着いていたかもしれない。)

3 未来のことに対する仮定法

> 問 If the sun ☐ to disappear, what would become of the earth?
>
>   ① were   ② would   ③ could   ④ should
>
> 〔京都外国語短大〈改〉〕

未来に起こる可能性が全く［ほとんど］ないことの仮定をする場合には，**if S₁ were to V₁, S₂ would V₂**（万が一 S₁ が V₁ するならば，S₂ は V₂ するだろう），もしくは **if S₁ should V₁, S₂ would[will] V₂**（万が一 S₁ が V₁ するならば，S₂ は V₂ するだろう）の形を使います。

答⇒①（訳：万が一太陽が消えたら，地球はどうなるでしょう。）

4 仮定法の基本形

1 から **3** までで，仮定法過去・仮定法過去完了・未来のことに対する仮定法という3つの用法について学んできました。仮定法は基本の形を押さえることが何よりも重要です。問題に進む前に，例文と共におさらいしておきましょう。

Lesson

09

仮定法

● 仮定法の用法 ●

①現在のことに対する仮定（仮定法過去）

 If **S₁ V₁ₚ, S₂ would V₂**.

 ＝もしも S₁ が V₁ するならば，S₂ は V₂ するだろう。

 例 If I won the lottery, I would buy a new car.
      現在のこと   現在のこと
 （もし宝くじに当たったら，私は新しい車を買うだろう。）

- -

②過去のことに対する仮定（仮定法過去完了）

 If **S₁ had V₁ₚₚ, S₂ would have V₂ₚₚ**.

 ＝もしも S₁ が V₁ していたならば，S₂ は V₂ していただろう。

 例 If I had studied more, I would have become a doctor.
      過去のこと   過去のこと
 （もしもっと勉強していたら，私は医者になっていただろう。）

- -

③未来に起こる可能性が全く[ほとんど]ないことを仮定

（未来のことに対する仮定法）

If S_1 should V_1, S_2 would[will] V_2.

If S_1 were to V_1, S_2 would V_2.

＝万が一 S_1 が V_1 するならば，S_2 は V_2 するだろう。

例 If you should stop being late for meetings, I would buy you dinner.

（もしあなたが会議に遅れないようになったら，ディナーをおごるよ。

〈相手が間に合うわけがないと思っている〉）

例 If you were to be born again, what animal would you want to be?

（万が一生まれ変わるようなことがあれば，どの動物になりたいですか？）

※仮定法の文では基本的に，主節に would などの**助動詞の過去形**が使われる
ことに注意。

　そして仮定法の基本形について，下記で確認しておきましょう。条件節と
主節の表す出来事の時間関係と，それぞれで用いられる時制がズレているた
め，間違いやすい分野の１つです。何度も構造と例文を繰り返し見比べなが
ら定着させていきましょう。

● 仮定法の基本形 ●

（過去）S_1 が V_1 していたら ⟶ （過去）S_2 は V_2 しただろう

　If S_1 had V_{1pp}　　　　　　　　　　S_2 would have V_{2pp}

（現在）S_1 が V_1 するならば ⟶ （現在）S_2 は V_2 するだろう

　If S_1 V_{1p}　　　　　　　　　　　　　S_2 would V_2

I wish .....（‥‥ ならいいのに，‥‥ だったらいいのに）は，if を使わない仮定法の表現です。これを使うと，**現実とは異なる願望**を表すことができます。「.....」部分で**願う内容が現在のことなら仮定法過去**，過去のことなら**仮定法過去完了**を用います。

● I wish ＋ S ＋仮定法過去 ●

☐ **I wish S V$_p$**　　　＝ S が V すればいいのに（仮定法過去）

→**現在のことに対する願望**

例 I wish I had more time to spend with my rabbit.
（飼っているウサギと過ごす時間がもっとあればいいのに。）

I wish に I had more time ..... という仮定法過去の形が続いています。現在，実際には十分な時間がないけれど「もっと時間があればいいのに」という願望を表しています。

● I wish ＋ S ＋仮定法過去完了 ●

☐ **I wish S had V$_{pp}$**　　　＝ S が V していたらよかったのに（仮定法過去完了）

→**過去のことに対する願望**

例 I wish you had bought the cheesecake yesterday.
（あなたが昨日あのチーズケーキを買っていたらよかったのに。）

I wish に you had bought ..... と仮定法過去完了の形が続き，過去の事実とは異なる願望を表しています。実際にはチーズケーキを買わなかったけれど，買っていればよかったという意味合いの文になっています。

問1：次の英文の空所に入れるのに最も適当なものを選べ。

[頻出] □ 1　If I were you, I 　1　 for the job.

① will apply 　　　　　　　② would apply

③ will have applied 　　　④ applied

〔京都女子大短大部〕

□ 2　If Tim 　2　 in your position, he would be able to advise Sachiko.

① were 　　　　　　　　　② am

③ be 　　　　　　　　　　④ is

〔明の星女子短大〕

□ 3　I 　3　 do that if I were you.

① won't 　　　　　　　　② wouldn't

③ shan't 　　　　　　　　④ don't

〔札幌大女子短大部〕

□ 4　Edward says that he 　4　 the job offer if he were in my place.

① will not accept 　　　　　② will not have accepted

③ would not accept 　　　　④ would not be accepted

〔英検準2級〕

[頻出] □ 5　　5　 in your place, I would not forgive his betrayal.

① I were 　　　　　　　　② If were I

③ Were I 　　　　　　　　④ Were if I

〔北海学園大 (経)〕

□ 6　If I had followed your advice, I 　6　 .

① will succeed 　　　　　　② would succeed

③ would have succeeded 　　④ succeed

〔上智短大〕

答1 もし私があなたなら，私はその仕事に申し込んでいるのに。

　　　1 ⇒② would apply

きそ ▶**現在**の事実に反する仮定を表す**仮定法過去**の文であることが were からわかるので，would を使った② would apply を選びましょう。apply for 〜（〜に申し込む）は重要熟語です。

答2 もしティムがあなたの立場にいれば，サチコに助言できるのに。

　　　2 ⇒① were

▶現在の事実に反する仮定を表す仮定法過去の文であることが would からわかるので，過去形の① were を選びましょう。if 人 were in your position は「人があなたの立場にいれば」という仮定法では頻出の表現です。

答3 もし私があなただったら，そんなことはやらないだろう。

　　　3 ⇒② wouldn't

▶これは現在の事実に反する仮定を表現する，仮定法過去の文。if 節が後ろに来ていることに注意。答えは would を使った② wouldn't です。

答4 エドワードは，もし彼が私の立場ならその仕事の申し出を引き受けないだろうと言っている。

　　　4 ⇒③ would not accept

▶ that 節内の文が仮定法を使った文になっています。これは現在の事実に反する仮定法過去の文なので，答えは would を使った③ would not accept を選ぶこと。④ would not be accepted は，受動態になっているので不可です。

答5 もし私があなたの立場ならば，彼の裏切りを許さないでしょう。

　　　5 ⇒③ Were I

▶仮定法過去の表現の「If S were .....」は，if を使わずに「**Were S .....**」という構文でも表すことができます。ここでは，③ Were I がこの形にあてはまります。この文は，**If I were** in your place, ... にも書き換えることができます。

答6 あなたの忠告に従っていたら，私は成功したでしょう。

　　　6 ⇒③ would have succeeded

▶**過去**の事実に反する仮定を表す**仮定法過去完了**の文です。仮定法過去完了では **would have V_pp** の形を使うので，ここでは③ would have succeeded を選ぶこと。

難 ☐ **7** If it had rained last night, the roads [7] now.

① would have been wet   ② must have been wet

③ would be wet   ④ are wet

〔平安女子学院短大〕

☐ **8** [8] I known you were ill, I'd have called to see you.

① Have   ② Had

③ If   ④ As

〔四天王寺国際仏教大短大部〕

頻出 ☐ **9** Although he knows nothing about electronics, he speaks [9] an expert.

① like he being   ② as if he were

③ even if he were   ④ as though being

〔センター試験〕

☐ **10** Were it not [10] your advice, he would be at a loss.

① without   ② with

③ by   ④ for

〔共立女子短大〕

☐ **11** If [11] for his hard work, he wouldn't have passed the entrance exam.

① he were not   ② it were not

③ it had not been   ④ he had not been

〔関西外国語大短大部〕

頻出 ☐ **12** It's about time I [12] a vacation.

① have   ② had

③ will have   ④ am having

〔南山短大〕

答7　もし昨夜雨が降っていたら，今その道はぬれているだろう。
　　　7 ⇒③ would be wet
⚠️ ▶ if節の内容は，**過去**の事実に反する仮定ですが，後半つまり主節の内容は，**現在**の内容に反する仮定になっています。このように前半と後半で時制が違う仮定法の文には，特に注意が必要です。空所には仮定法過去の形を入れれば良いので，③ would be wet が正解。

答8　もし私が君が病気だと知っていたなら，君に会うために電話したのに。
　　　8 ⇒② Had
▶ 仮定法過去完了の If S had V_pp の形は，If を省略して had を前に出した **Had S V_pp** という形でも表すことができます。この形にあてはめると，答えは② Had。この文は，If I had known you were ill, ... にも書き換えることができます。

答9　彼は電子工学のことは何も知らないのに，まるで専門家のように話す。
　　　9 ⇒② as if he were
きそ ▶「まるで ‥‥‥ であるかのごとく」という意味を表現するには，**as if .....** もしくは，**as though .....** という構文を使います。これらの構文の後ろには，仮定法を使った節が来るのが普通なので，ここでは as if の後ろに仮定法の節が来ている② as if he were が正解。

答10　あなたの助言がなかったら，彼は途方に暮れているだろう。
　　　10 ⇒④ for
▶「現在～がないならば」という意味を表現するには，**Were it not for ～** もしくは **If it were not for ～** という構文を使います。これは **But for ～** や **Without ～** にも書き換えることができます。

答11　もし彼が一生懸命に勉強をしなかったら，彼はその入学試験に受かっていなかっただろう。
　　　11 ⇒③ it had not been
▶「過去に～がなかったならば」という意味を表現するには，**If it had not been for ～**，もしくは **Had it not been for ～** という構文を使います。これは **But for ～** や **Without ～** にも書き換えることができます。

答12　私は休暇をとっても良い頃だ。
　　　12 ⇒② had
⚠️ ▶ It is (about) time (that) の後ろには，仮定法を使った**過去形**の節が来なければなりません。答えは過去形を使った② had。It is about time (that) S V_p は「S が V しても良い頃だ」という意味です。

13 If only I ▢13▢ the work last night!

① finished ② would finish

③ had finished ④ were finishing

〔東横学園女子短大〕

14 I'm glad I studied hard last night. Otherwise, I ▢14▢ the exam.

① failed ② have failed

③ will failed ④ would have failed

〔東京成徳短大〕

15 ▢15▢ a little more luck, I could have finished reading the assignment much earlier.

① In ② At

③ With ④ On

〔南山大（外）〕

16 ▢16▢ your financial help, we wouldn't be able to carry out our plan.

① Except ② Instead of

③ Thanks to ④ Without

〔センター試験〕

17 If I ▢17▢ meet the president, I would punch him in the face.

① had had ② were to

③ should to ④ would have

18 A : How was last weekend, Nancy?

B : I had to do all the housework, but I wish I ▢18▢ to the movies or shopping.

① went ② had gone

③ have gone ④ would go

〔英検準2級〕

Answers

答13 私が昨夜その仕事を終えてさえいればなあ。

⌷13⌷⇒③ had finished

▶ If only ..... は I wish ..... と同じような意味です。後ろには仮定法を使った節が続きます。ここでは，last night（昨夜）という単語から過去の時制だとわかるので，過去完了形の③ had finished が正解。

答14 私は昨夜一生懸命に勉強してよかった。さもなければ，私はその試験に落ちていただろう。

⌷14⌷⇒④ would have failed

きそ ▶ otherwise は「さもなければ」という意味で，仮定法の if 節の代わりをすることができます。昨夜一生懸命勉強していなければ試験に落ちたということですから，**過去のことに関する仮定**。**仮定法過去完了**の④を選びましょう。

答15 もう少し運が良かったら，私はもっと早く課題を読み終えることができたのに。

⌷15⌷⇒③ With

▶「～があるならば，～があったならば」という表現は，**With ～** という形で表すことができます。この反対の「～がないならば，～がなかったならば」という表現は，**Without ～** です。

答16 あなたの財政援助がなければ，私たちは計画を実行することができないでしょう。

⌷16⌷⇒④ Without

▶「～がないならば，～がなかったならば」という表現は，**Without ～** もしくは **But for ～** という形で表すことができます。これらの表現は，仮定法の if 節の代わりになることができます。

答17 万が一私が大統領に会うようなことがあったら，顔を殴ってやるだろう。

⌷17⌷⇒② were to

▶未来に起こる可能性が全く［ほとんど］ないことを仮定する場合には，**If S₁ were to V₁, S₂ would V₂.**（万が一 S₁ が V₁ するならば，S₂ は V₂ するだろう。）という構文を使います。同様の構文に，**If S₁ should V₁, S₂ would[will] V₂.** があります。were to を使った場合，主節では would という助動詞しか使えないことに注意。

答18 A：先週末どうしてたの，ナンシー。B：すべての家事をしなければならなかったんだけど，私は映画か買い物に行きたかったわ。

⌷18⌷⇒② had gone

▶ I wish の後ろには，仮定法を使った節が来ます。wish と同じ時点の事柄を表すときは過去形，それよりも前の時制ならば，過去完了形で表現します。ここでは wish よりも前の事柄なので，過去完了形の② had gone を選ぶこと。

Lesson **09** 仮定法

☐ **19** I proposed ☐19☐ with me.

   ① her to come   ② her that she would come

   ③ that she come   ④ for her to come

〔聖学院大（政経）〕

頻出 ☐ **20** I recommend ☐20☐ .

   ① for you to read this book

   ② to your reading this book

   ③ that you read this book

   ④ that you will read this book

〔関西外国語大短大部〕

問2：次の英文の下線部のうち，誤った英語表現を含む番号を選べ。

頻出 ☐ **21** The professor recommended that we all ①are on time ②for the examination so we ③could have ④enough time to finish.

   誤り＝ ☐21☐ 〔長崎大〕

☐ **22** I ①would feel better about ②taking walks downtown if there ③wouldn't be so ④many empty buildings down there.

   誤り＝ ☐22☐ 〔神奈川大（経・外・工）〕

☐ **23** If it ①was not ②for your help, I ③could not ④succeed. I'd appreciate it!

   誤り＝ ☐23☐ 〔立正大（文）〕

Answers

答19 私は，彼女に私と行くことを提案した。
19 ⇒③ that she come
▶ propose などのような，**提案・要求・主張・命令**を表す動詞の後ろの that 節は，「**that S should 原形動詞**」，もしくは should を省略して「**that S 原形動詞**」という形が来ます。原形動詞が来るという点に注意してください。ここでは，原形動詞を使った③ that she come が正解。

答20 私はあなたにこの本を読むことを勧める。
20 ⇒③ that you read this book
▶ recommend などの，提案・要求・主張・命令を表す動詞の後ろの that 節は，「**that S should 原形動詞**」または「**that S 原形動詞**」の形になります。ここでは，原形動詞を使った③ that you read this book が正解です。

答21 教授は，十分終えられるだけの時間を持てるように，私たち全員が試験の時間通りに来ているようにと忠告した。
21 ⇒① are → (should) be
▶ recommend などの，提案・要求・主張・命令を表す動詞の後ろの that 節は，「**that S should 原形動詞**」または「**that S 原形動詞**」の形が使われます。ここでは，are を原形の be に訂正しなければなりません。

答22 もしそんなにたくさんの空きビルがなければ，都心部を散歩するのはもっと気分がよいだろう。
22 ⇒③ wouldn't be → were not
▶現在の事実に反する仮定ですから，仮定法過去の形を使います。if 節中なので，would ではなく動詞の過去形 (were) を使う必要があります。

答23 もしあなたの助けがなければ，私は成功できないでしょう。感謝します。
23 ⇒① was → were
▶「(現在) もし～がないならば」の意味を表す「If it **were** not for ～」という形では，were の代わりに was を使うことはできません。構文として覚えておきましょう。

Lesson **09** 仮定法

問3：日本文に合う英文になるように選択肢の語を並べ替え，空所に入るものを選べ。

☐ **24** 忙しくなければ会議に出席できたのだが。

If I ____ 24 ____ , ____ 25 ____ the meeting.

① not been ② I ③ could have ④ had

⑤ busy ⑥ attended 〔四天王寺国際仏教大短大部〕

頻出 ☐ **25** もし君のご親切がなかったら，私は死んでいたかもしれない。

If ____ 26 ____ ____ ____ 27 ____ ____ , I might have died.

① been ② for ③ had ④ it

⑤ kindness ⑥ not ⑦ your 〔東北学院大（経－経）〕

☐ **26** あの人に，あのとき会うことができればよかったのに。（1語不要）

I ____ 28 ____ ____ 29 ____ to see him at that time.

① had ② have ③ wish ④ able

⑤ I ⑥ been 〔田中千代学園短大〕

☐ **27** ジョンのスーツは古くなっていたので，新しいのを買っても良い頃だった。

John's suit was old and it ____ 30 ____ ____ 31 ____ ____ ____ .

① he ② high ③ one ④ a

⑤ bought ⑥ new ⑦ was ⑧ time 〔中央大（理工－数・電・応化・管）〕

☐ **28** 彼は来週辺りに私たちを夕食へ招待したいと主張した。（1語句不要）

He insisted that he 32 ____ 33 week.

① have a chance

② would be going to become

③ sometime next

④ to invite us to dinner 〔白百合女子大（英文）〕

答24 If I had **not been** busy, I **could have** attended the meeting.

24 ⇒① 25 ⇒③ (4-**1**-5-2-**3**-6)

▶ この文は仮定法過去完了を使った，過去のことに対する仮定を表す典型的な構文です。「If **S₁** had **V₁pp**, **S₂** would[could] have **V₂pp**」という基本パターンに忠実に並べ替えましょう。

答25 If it **had** not been **for** your kindness, I might have died.

26 ⇒③ 27 ⇒② (4-**3**-6-1-**2**-7-5)

▶ **If it had not been for ～** は「**過去に～がなかったならば**」という意味の重要構文で，**Had it not been for ～** とも書き換えることができます。また，**Without ～** や **But for ～** にも書き換えることができます。

答26 I wish I had **been** able to see him at that time.

28 ⇒⑤ 29 ⇒⑥ (3-**5**-1-**6**-4) 不要＝② have

▶ I wish ..... や If only ..... の後ろには，仮定法の節が来ます。現在の事柄を表すならば過去形を，過去の事柄を表すならば過去完了形を使うこと。ここでは過去の事柄なので，過去完了形が使われています。

Lesson 09 仮定法

答27 John's suit was old and it was **high** time he **bought** a new one.

30 ⇒② 31 ⇒⑤ (7-**2**-8-1-**5**-4-6-3)

▶ It is (high) time (that) の後ろには，「**主語＋過去形**」が来ます。buy の活用のbought を使いましょう。It is high time (that) S **V**p は「**とっくに V すべき頃だ**」という意味です。

答28 He insisted that he **have a chance** to invite us to dinner **sometime next** week.

32 ⇒① 33 ⇒③ (1-4-**3**) 不要＝② would be going to become

▶ insist などの，提案・要求・主張・命令を表す動詞の後ろの that 節には，「**that S should 原形動詞**」もしくは「**that S 原形動詞**」が来ます。ここでは，have という原形動詞を使うこと。また，**sometime next week** で「**来週のいつか**」という意味です。

REVIEW

仮定法はつまずきやすい文法事項の１つかもしれません。まずは解説を読んでルールを理解したうえで，あとは例文を何度も暗唱してみましょう。仮定法過去や仮定法過去完了の形については，何度も例文を声に出して繰り返すことで身に付けていきましょう。

その他

> ここでは，これまで扱った大きな文法項目には含まれていませんが，このレベル
> ③で頻出のポイントを集めました。出題される可能性の高いポイントばかりです
> から，それぞれをきちんと学習していきましょう。

■ another の用法

問　It is one thing to own a library; it is quite 　　　 to use it wisely.

　① another　　　② other　　　③ others　　　④ the other

〔東北学院大（経済）〈改〉〕

　A is **one thing**, B is (quite) **another** という構文は「AとBは（全く）別であ
る」という意味で，A is (quite) different from B とも書き換えることができま
す。

　また，**another** はもともと an と other がくっついてできた言葉ですから，
不特定の他のもの，つまり「他にもいろいろとあるんだけどもう1つの～」
という意味を持つのに対して，**the other** は定冠詞の the に「特定の～」とい
う意味があるので，「残った最後の～」のような意味が出てくるのです。

答⇒①（訳：書斎を持つことと，それを賢く使うことは全く違う。）

● other と another のイメージ ●

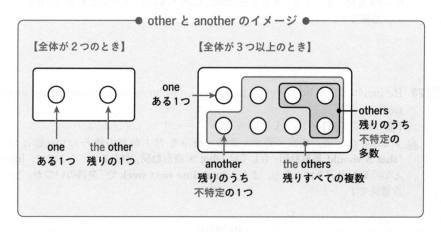

2 so + be動詞 [助動詞] + S

問　She has been here before, and ☐ .

① so am I　　② so have I　　③ so did I　　④ so I did

〔日本大（文理 - 人文）〕

この問題を正確に解くために、「〜もまた ・・・・・ である」とか「〜もまた ・・・・・ でない」といった意味を表現するための構文をまず見てみましょう。

●「〜もまた ・・・・・ である [でない]」の表現 ●

□ **肯定文**　**S V // S V, too**　　　　　　　　 ＝ S もまたそうする

　　　　　　= so 助動詞 [be動詞] S

例 Sarah can ride a unicycle, and I can, too.

Sarah can ride a unicycle, and so can I.

（サラは一輪車に乗れるし、私も乗れる。）

□ **否定文**　**S not V // S not V, either**　　　 ＝ S もまたそうしない

　　　　　　　= neither[nor] 助動詞 [be動詞] S

例 Sarah isn't a singer, and I am not, either.

Sarah isn't a singer, and neither am I.

（サラは歌手ではないし、私もそうではない。）

このように so や neither[nor] を使って「〜もまた ・・・・・」と言うことができますが、肯定文と否定文では大きく違うことに注意。肯定文の場合は、2つのものがどちらも「そうである」ことを表し、否定文の場合は、2つのものがどちらも「そうでない」ことを表します。この問題では、前に来ている文は肯定文ですから so を使って書きます。so の後ろの助動詞は、前の文は完了形で has が使われていますから、主語の I に合わせて have を使えば良いのです。so have I のように助動詞や be動詞が主語の前に来た語順になることに気をつけましょう。

答⇒②（訳：彼女は以前ここに来たことがあるが、私もそうだ。）

Lesson

10

そ
の
他

3 疑問詞の how と what の違い

> 問　　　　　do you think of her long speech?
>
> ① How　　　② What　　　③ Which　　　④ Who
>
> 〔和洋女大（英文）〕

　日本語の「～をどう思いますか」という意味につられて How を選ばないように注意すること。英語では「**What** do you think of ～ ?」と言わなければなりません。一方，like という動詞を使う場合には，**How** do you like ～ ? (～はどうですか) というふうに How を使うので注意しましょう。

　圏⇒②（訳：彼女の長い演説についてどう思いますか。）

4 混同しやすい名詞

　名詞の中には，日本語訳すると似たような意味をしていても，細かく使い分けのあるものがあります。それぞれの違いをしっかりと確認して，正しく使い分けたり読み分けたりできるようにしておきましょう。

●　混同しやすい名詞　●

☐ fare　　　　　　　　　　＝運賃，乗車賃

例 The train fare from the hotel to the museum was quite expensive.
（ホテルから博物館までの電車の運賃はかなり高かった。）

☐ cost　　　　　　　　　　＝費用

例 What is the cost of repairing my bicycle?
（私の自転車の修理にかかる費用はいくらですか？）

☐ charge　　　　　　　　　＝手数料，使用料

例 There's a service charge for using this system.
（このシステムを使用するためには手数料がかかる。）

- -

☐ passenger　　　　　　　＝乗客

例 That passenger boarded the airplane for Tokyo.
（あの乗客は東京行きの飛行機に搭乗した。）

☐ customer　　　　　　　＝（店の）顧客

例 The customer was pleased with the service at the hotel.
（その客はホテルのサービスに満足した。）

☐ client　　　　　　　　＝依頼人・（契約関係にある）顧客

　　例 The lawyer has a meeting with a new client today.
　　（弁護士は今日，新しい顧客との会議がある。）

☐ reservation　　　　　＝席や場所の予約

　　例 Ann made a reservation at the restaurant for tomorrow's dinner.
　　（明日の夕食のために，アンはレストランで予約をした。）

☐ appointment　　　　　＝面会など予定の予約

　　例 Takeo has an appointment for a job interview on Wednesday.
　　（タケオは水曜日に仕事の面接の予約がある。）

5 まぎらわしい前置詞

　前置詞にはよく似た意味を持つものがあります。それぞれどのような場面で使われるのか，比較しながら確認していきましょう。

● まぎらわしい前置詞 ●

① by と until

☐ **期限の by**　　　　　　▶その時までに動作が完了することを表す

　　例 I need to finish this homework by 9 p.m.
　　（私はこの宿題を午後9時までに終わらせる必要がある。）

☐ **継続の until**　　　　　▶その時まで動作が続くことを表す

　　例 The store is open until 9 p.m.
　　（その店は午後9時まで営業しています。）

② for と during

☐ **時間の長さの for**　　　▶後ろに時間の長さを伴う

　　例 She has been living in Kyoto for three years.
　　（彼女は3年間京都に住んでいる。）

☐ **特定の期間の during**　 ▶後ろに期間の名称を伴う

　　例 It rained during the night.
　　（夜中に雨が降った。）

問1：次の英文の空所に入れるのに最も適当なものを選べ。

☐ **1** He finished his sausage and asked for ☐1☐ .

① another　　　　　　② other

③ other one　　　　　④ some other

〔大谷女子大（文）〕

☐ **2** These shoes are too small for me.　Show me some bigger ☐2☐ .

① other　　　　　　② ones

③ another　　　　　④ one

〔関西外国語大短大部〕

頻出 ☐ **3** ☐3☐ my friends live in Chiba.

① Almost of　　　　② Almost

③ Most of　　　　　④ Most

〔日本橋女学館短大〕

☐ **4** Let's go by taxi, ☐4☐ ?

① will you　　　　　② don't we

③ won't you　　　　④ shall we

〔日本工業大（機械・電気）〕

☐ **5** They'd decided to go there with her, ☐5☐ ?

① wouldn't they　　② would her

③ hadn't they　　　④ didn't they

〔尾道短大〕

☐ **6** I hope to finish my work ☐6☐ five o'clock.

① by　　　　　　　② till

③ to　　　　　　　④ until

〔梅花女子大（文）〕

答1 彼はソーセージを食べ終えて，もう 1 つ頼んだ。

⬜1⬛ ⇒① another

▶「**もう 1 つ**」という意味を表す代名詞は **another**。残りが 1 つしかないときには，the other を使うことにも注意しましょう。

答2 これらの靴は私には小さすぎる。私により大きいものをいくつか見せてください。

⬜2⬛ ⇒② ones

▶ここでは，shoes という前述の複数形名詞の反復を避けるため，代名詞 ones を使います。

答3 私の友達のほとんどは千葉に住んでいる。

⬜3⬛ ⇒③ Most of

⚠ ▶ almost は副詞なので，代名詞や形容詞としては使えません。「ほとんど」という意味の most を使うときは，後ろに直接名詞が来る場合には most 〜，後ろに the が来るときには most of the 〜，後ろに my などの代名詞の所有格が来るときには most of 所有格 〜 という形になることに注意しましょう。

答4 タクシーで行きましょうよ。

⬜4⬛ ⇒④ shall we

▶ **let's V.**（〜しましょう。）という文を付加疑問文にするときは，文末に **shall we?** を置きます。Shall we go by taxi? とも表現できます。

答5 彼らは彼女とそこへ行くことを決めていましたね。

⬜5⬛ ⇒③ hadn't they

きそ ▶文頭の They'd は They **had** もしくは They **would** の短縮形。後ろの decided が過去分詞形なので，ここでは They **had** の短縮形だとわかります。よって，③ hadn't they という過去完了形の付加疑問文を選びましょう。

答6 私は 5 時までには仕事を終わらせたい。

⬜6⬛ ⇒① by

▶ by も until[till] も，日本語にすると「まで」という同じ言葉になってしまいますが，**by** は「〜までに（‥‥ してしまう）」という**完了**の意味で，**until[till]** は「〜まで（ずっと ‥‥ している）」という**継続**の意味です。

□7   [7] do you say that in Spanish?

① When   ② Which

③ How   ④ What

〔平安女子学院短大〕

□8   [8] sugar do you want in your tea?

① How   ② How much

③ How many   ④ What kind

〔東京経済大短大部〕

□9   [9] was the weather like?

① How   ② How fine

③ However   ④ What

〔南山短大〕

◆ □10 [10] of the girls present was accompanied by her parents.

① Many   ② Each

③ Every   ④ Some

〔関西外国語大短大部〕

□11 She looks most charming [11] her blue dress.

① with   ② in

③ by   ④ on

〔関西外国語大短大部〕

□12 The bridge is [12] construction.

① at   ② in

③ toward   ④ under

〔駒澤短大〕

答7 それはスペイン語で何と言いますか。

　7 ⇒③ How

⚠ ▶日本語に訳すと「何」となるため，誤って what を入れてしまいそうになるひっかけ問題。注意しましょう。逆に how を使ってしまいそうになる表現に，**What do you think of ～ ?**（～をどう思いますか。）があります。

答8 あなたは紅茶にどのくらいの砂糖を入れてほしいですか。

　8 ⇒② How much

▶ sugar は不可算名詞ですから，不可算名詞の「量」をきく How much という表現を空所に入れること。④ What kind を使うには，kind の後ろに of が必要です。

答9 天気はどうだったのだろうか。

　9 ⇒④ What

きそ ▶ **What is ～ like?** は「～はどのようなものですか。」という意味の重要表現。この like は前置詞の like で「～のような」という意味になることにも注意しましょう。この文は，How was the weather? と言い換えられます。

答10 その場に居合わせた少女たちには，それぞれ両親が付き添っていた。

　10 ⇒② Each

▶ここでは述語動詞が was なので，主語になる代名詞は**単数形**になるはずです。many や some は複数扱い。every は代名詞ではなく，後ろに of をとる形では使えません。ここでは，単数の代名詞として使える② Each が正解。

Lesson
10
その他

答11 彼女は青い服を着ているときが最も魅力的だ。

　11 ⇒② in

▶「洋服（など）を身に着けて」と言うときには，着用を表す in を使います。この文では，彼女と他の人を比べているわけではないので，most の前に the が付かない点にも注意しましょう。

答12 その橋は建設中だ。

　12 ⇒④ under

▶「～されていて」という，動作を受けている最中を表すには，under という前置詞を使います。**be under construction** は「**建設中である**」という意味の熟語として暗記しておきましょう。

13 I have never seen ⬚13 flower.

① so a pretty   ② so pretty a

③ a so pretty   ④ a pretty so

〔金蘭短大〕

14 I don't like the painter and I don't like his works, ⬚14 .

① too   ② neither

③ nor   ④ either

〔金蘭短大〕

15 My brother hasn't done his homework, ⬚15 he will; he is quite lazy.

① nor do I think   ② nor I think

③ and also I don't think   ④ and too, I don't think

〔四天王寺国際仏教大短大部〕

16 This shirt is too big and the other is too small. ⬚16 fits me.

① Both   ② Either

③ Neither   ④ It

〔四天王寺国際仏教大短大部〕

17 He is always complaining that he can't get along on his ⬚17 salary.

① inexpensive   ② cheap

③ low-priced   ④ small

〔梅花短大〕

18 There is a ⬚18 population in Tokyo.

① large   ② many

③ great   ④ lot

〔田中千代学園短大〕

答13 私はこんな美しい花を見たことがない。

 13 ⇒② so pretty a

▶ so，too，as，how という副詞の後ろは，「**形容詞 a 名詞**」という変わった語順になることに注意しましょう。ここでは，**such** a pretty flower と書き換えることもできます。

答14 私はその画家が好きではないし，また彼の作品も好きではない。

 14 ⇒④ either

▶否定文の後ろに「〜もまた」という意味を加えるには，either を使います。too は**肯定文**の後ろのみに使われるということに注意しましょう。

答15 私の弟は宿題をしていないし，またするつもりがあるとも思わない。彼は本当に怠け者だから。

 15 ⇒① nor do I think

▶ **nor 助動詞**［**be動詞**］**S .....** は，「**S もまた ····· ない**」という意味の否定の構文。

答16 このシャツは大きすぎるし，もう１つは小さすぎる。両方とも私には合わない。

 16 ⇒③ Neither

きそ ▶ ２つのものを指して，「どちらも ····· でない」と否定するときには，neither を使います。ちなみに，either は「どちらか片方」，both は「両方とも」という意味です。

答17 彼は彼の低い給料ではやっていけないといつも不平を言っている。

 17 ⇒④ small

▶給料 (salary) が多い，少ないというときには，large や small を使うことに注意しましょう。なお，high や low も使えます。expensive や cheap は使えません。

答18 東京の人口は多い。

 18 ⇒① large

▶人口 (population) が多い，少ないというときには，large, small を使うことに注意しましょう。many, much, a lot of などは使えません。

Lesson
10
その他

☐ **19** Change the oil in the car 19 5000 miles.

① each   ② every

③ all   ④ by

〔東横学園女子短大〕

◆難 ☐ **20** You have to pay the 20 when you get on the bus.

① fare   ② cost

③ journey   ④ bill

〔神奈川県立外語短大〕

問2：次の英文の下線部のうち，誤った英語表現を含む番号を選べ。

☐ **21** ①It's been so long ②since that happened, ③I can't hardly remember ④anything about it.

誤り＝ 21 〔学習院女子短大〕

頻出 ☐ **22** ①Language has made it possible ②to pass along ③informations, to remember ④things that happened, and to keep a record of those things and ⑤learn from them.

誤り＝ 22 〔学習院女子短大〕

☐ **23** ①Having attended an American college ②since four years, Hanako is ③quite good ④at speaking English.

誤り＝ 23 〔甲南女子大短大部〕

答19 5000 マイルごとに車のオイル交換をしなさい。

> 19 ⇒ ② every

▶「～おき，～ごと」という意味を表現するときには **every ～** を使います。

答20 あなたはバスに乗るときに，乗車料金を払わなければならない。

> 20 ⇒ ① fare

⚠ ▶「**運賃**」は，**fare** という単語を使って表します。**cost** は「**費用**」，**bill** は「**請求書**」という意味。また，医者，弁護士などの専門的なサービス料金を表すときには **fee**，電気代やホテル代などのような一般的サービス料金を表すには **charge** を使うことも覚えておきましょう。

答21 あのことが起きてからずいぶん長く経ったので，私はそれについてほとんど何も思い出すことができない。

> 21 ⇒ ③ I can't hardly remember → I can hardly remember

▶ **hardly .....** は，「**ほとんど ‥‥ ない**」という意味の否定語。③の can't hardly という部分では，否定語が二重で使われているので，can't を can に訂正すれば正しい英文になります。

答22 言語は情報を伝え，起こったことを記憶し，これらの事柄を記録にとどめてそれらから学ぶことを可能にしてきた。

> 22 ⇒ ③ informations → information

▶ information は**不可算名詞**。不可算名詞に複数形の s や冠詞の a を付けることはできないので，ここでは informations を information に訂正しましょう。なお，advice (忠告) や furniture (家具) なども不可算名詞なので要注意です。

答23 4 年間アメリカの大学に通ったので，ハナコは英語を話すのがとても上手だ。

> 23 ⇒ ② since → for

(きそ) ▶ **since** は主に完了形の後ろで使われて「**～以来**」という意味を表す前置詞。ここでは，不特定の期間を表す **for** (～の間) に書き換えなければ意味が通りません。

問3：日本文に合う英文になるように選択肢の語を並べ替え，空所に入るものを選べ。

☐ **24** 彼女が時間通りに来るかどうかわかりません。

I can't ＿＿＿ 24 ＿＿＿ 25 ＿＿＿ ＿＿＿ ＿＿＿ .

① she ② come ③ will ④ tell
⑤ on ⑥ whether ⑦ time

〔札幌大女子短大部〕

☐ **25** 3分歩いて公園に着いた。

＿＿＿ 26 ＿＿＿ 27 ＿＿＿ ＿＿＿ ＿＿＿ .

① walk ② us ③ three ④ to
⑤ minutes' ⑥ brought ⑦ the ⑧ park

〔東京国際大（商）〈改〉〕

頻出 ☐ **26** もうじきわれわれの食糧は尽きてしまうでしょう。（1語不要）

It will ＿＿＿ 28 ＿＿＿ 29 ＿＿＿ runs out.

① be ② before ③ long ④ not
⑤ short ⑥ our food

〔学習院大（法）〕

☐ **27** さらなる2日間の延期の後に，試験の結果が発表された。

＿＿＿ 30 ＿＿＿ ＿＿＿ ， ＿＿＿ 31 ＿＿＿ the exams

were published.

① after ② delay ③ two ④ another
⑤ days' ⑥ the ⑦ of ⑧ results

〔駒澤女子短大〕

☐ **28** あなたは空港に行かなければならないが，どうやってそこに行くのか知らないとする。あなたは誰かを止めて言う。「空港への行き方を教えていただけませんか。」

You have to go to the airport but you don't know how to get there.
You stop someone and say: "Could you please ＿＿＿ 32 ＿＿＿
33 ＿＿＿ ＿＿＿ ?"

① me ② tell ③ the ④ the airport
⑤ to ⑥ way

〔センター試験（追）〕

答24 I can't tell **whether** she **will** come on time.

　24 ⇒⑥　25 ⇒③　(4-**6**-1-**3**-2-5-7)

▶ **whether S V (or not)** は「**S が V するかどうか**」という意味の**名詞節**を作ります。よって，tell の目的語として使うことができます。**whether S V (or not)** が**副詞節**で使われたときには「**S が V しようとしまいと**」という意味になることにも注意しましょう。

答25 Three **minutes'** walk **brought** us to the park.

　26 ⇒⑤　27 ⇒⑥　(3-**5**-1-**6**-2-4-7-8)

⚠ ▶ bring（連れてくる）という動詞の使い方がポイント。この文を直訳すると「3分間の歩行が私たちを公園に連れてきた」という不自然な日本語になってしまいます。このような文は，主語の部分を副詞的に訳すと自然な日本語になります。このような構文を，無生物主語構文と呼びます。

答26 It will not be long **before** our food runs out.

　28 ⇒①　29 ⇒②　(4-1-3-**2**-6) 不要＝⑤ short

▶ **It will not be long before S V** は「**間もなく S は V するだろう**」という重要構文。before 以下は副詞節なので，現在形を使うことに注意しましょう。また，**It was not long before S V$_p$** は「**間もなく S は V した**」という意味の**過去**のパターンです。

答27 After **another** two days' delay, the **results** of the exams were published.

　30 ⇒④　31 ⇒⑧　(1-**4**-3-5-2-6-**8**-7)

⚠ ▶ two days は一続きの期間を表す表現なので，ここでは単数名詞のように扱い，前に another を付けることに特に注意しましょう。

Lesson 10 その他

答28 You have to go to the airport but you don't know how to get there. You stop someone and say: "Could you please tell **me** the **way** to the airport?"

　32 ⇒①　33 ⇒⑥　(2-**1**-3-**6**-5-4)

▶「**人に道を教える**」と言うときは「**tell[show] 人 the way**」という表現を使います。「教える」という日本語につられて「**teach 人 the way**」とはしないように注意しましょう。

REVIEW

これですべてのレッスンが終了です。皆さん，お疲れさまでした。しかし，英文法の問題が解けただけでは，残念ながら英文法をマスターしたとはいえません。ここで満足せずに，このあとは付属の音声を使って復習しましょう。音声の発音をまねながら音読を繰り返すうちに，文法がどんどん頭に染み込んでいきますよ！

■第1問　次の空所に入れるのに最も適当なものを選べ。

問1　It was John ［ 1 ］ broke the window.

　　① he　　　　② whom　　　③ who　　　　④ what

問2　A : Samantha, this pen is for you.

　　B : Thanks, it's just ［ 2 ］ I wanted!

　　① which　　　② that　　　③ how　　　　④ what

問3　The town is now different from ［ 3 ］ it was ten years ago.

　　① what　　　② as　　　　③ that　　　　④ which

問4　Recently I went back to the town ［ 4 ］ I was born.

　　① that　　　② where　　　③ place　　　④ which

問5　Of the two apartments, the second one was ［ 5 ］ .

　　① more larger　　　　　　② the largest

　　③ largest　　　　　　　　④ the larger

問6　The baby can't even walk, much ［ 6 ］ run.

　　① more　　　② rather　　　③ less　　　　④ never

問7　The population of England is about ［ 7 ］ that of Japan.

　　① half as large as　　　　② half less than

　　③ as half as　　　　　　　④ half larger than

問8　If it ［ 8 ］ for your suggestion, the situation would have been more chaotic.

　　① had not been　　　　　② should not be

　　③ would not be　　　　　④ were not to be

問9　He recommended that the student ［ 9 ］ his composition as soon as possible.

　　① finishes writing　　　　② will finish writing

　　③ finish writing　　　　　④ finished writing

問 10 If she ☐10☐ harder then, she would be a good student now.
    ① had worked   ② should work
    ③ worked   ④ would have worked

問 11 If Mary ☐11☐ how to swim, she would go to the beach more often.
    ① knows   ② knew
    ③ will know   ④ had known

問 12 I'm going to sell this car and get ☐12☐ one.
    ① another   ② new
    ③ different   ④ some

問 13 None of them can remember the names ☐13☐ .
    ① also   ② too   ③ neither   ④ either

問 14 Our school's gym is ☐14☐ construction now. It will be completed before next spring.
    ① over   ② under   ③ above   ④ below

問 15 The number of people who travel abroad is quite ☐15☐ .
    ① many   ② much   ③ large   ④ lot

■第2問 次の英文の下線部のうち，誤った英語表現を含む番号を選べ。

問16 ⬚16⬚

Nagano is a city ①where is ②famous for its castle ③built in ④the 17th century.

問17 ⬚17⬚

The bag was ①small ②but so ③heavy that I ④could not hardly walk.

■第3問 下の選択肢を並べ替えて英文を完成させ，空所に入る番号を答えよ。

問18 It is often said ＿＿＿ ＿＿＿ ⬚18⬚ ＿＿＿ ＿＿＿ ＿＿＿ .

① time ② is ③ than ④ precious
⑤ nothing ⑥ more ⑦ that

問19 ＿＿＿ ＿＿＿ ⬚19⬚ , ＿＿＿ ＿＿＿ ＿＿＿ in life.

① succeeded ② have ③ everybody's ④ support
⑤ without ⑥ I wouldn't

問20 It will not be ＿＿＿ ＿＿＿ ⬚20⬚ ＿＿＿ ＿＿＿ . （1語不要）

① can ② as soon as ③ we ④ to the universe
⑤ long before ⑥ travel

解答用紙

第1問	問1	問2	問3	問4	問5
	問6	問7	問8	問9	問10
	問11	問12	問13	問14	問15
第2問	問16	問17			
第3問	問18	問19	問20		

解答へ→ 169

・・・

ADVICE

　第7〜10章は，まさにこのレベルの大学や資格に合格するための要となる文法事項がタップリつまったところです！

　正解が12点以下の人は，再度レベル①・②を総復習すること。13〜16点の人は，解説部分をしっかりと読み直して，重要事項を暗記すること。17点以上の人は，このレベルは理解できています。サッと復習したら，さっそくレベル④にチャレンジしましょう！

解説

・・・

■第1問

問1：It is 〜 that ..... (・・・・・のは〜だ) の構文の that の代わりに who を使ったもの。

問2：先行詞がなく空所以下がwant の目的語なので what を選ぶこと。

問3：what 〜 was「昔の〜」。

問4：空所の後ろは完全文なので，関係副詞の② where。

問5：2つのうちのより大きい方という意味なので，定冠詞の the が必要です。

問6：否定文 much less .....「〜ない。まして・・・・・ない」。肯定文 much more .....では「〜。・・・・・ はいうまでもなく〜」。

問7：倍数 as ... as 〜「〜の□倍…」。倍数は □ times で表しますが，2倍は twice，半分は half を使います。

問8：If it had not been for 〜「(過去)〜がなかったならば (仮定法過去完了)」。

問9：要求・提案・命令・主張を表す語句の後ろの that 節中では S (should) V の形。

問10：彼女はそのとき一生懸命やらなかったので，今は成績が悪いということ。

問11：If S_1 V_{1p}, S_2 would V_2 という仮定法過去の形。

問12：「もう1つの，別の」は another。

問13：either は否定文中で「・・・・・ もまたない」。肯定文の「・・・・・ も」は too を使います。

問14：under construction「建築中」。under＋抽象名詞で「〜中」の意味があります。

問15：数の大小は large，small で表します。

■第2問

問16：①の後ろに is famous for がきているので，関係副詞の where はおかしい。主格の関係代名詞 which[that] にすること。

問17：hardly に否定の意味 (ほとんど ・・・・ ない) が含まれるので，④の not は不要。

■第3問

問18：「7-5-**2**-6-4-3-1」が正解。「It is often said that nothing **is** more precious than time. (時間ほど貴重なものはないとよく言われます。)」となります。

問19：「5-3-**4**-6-2-1」が正解。「Without everybody's **support**, I wouldn't have succeeded in life. (私が成功したのは皆さんのご支援があったからです。)」となります。without 〜「〜がなかった (ない) ならば」。ここでは過去のことを言っているので仮定法過去完了。

問20：「5-3-**1**-6-4」が正解。「It will not be long before we **can** travel to the universe. (宇宙に旅行できる日が来るのは遠くないでしょう。)」となります。It will not be long before **S V**「間もなく **S** は **V** するだろう」。

Lesson 10 中間テスト③ 解答

解答

第1問	問1 ③	問2 ④	問3 ①	問4 ②	問5 ④
	問6 ③	問7 ①	問8 ①	問9 ③	問10 ①
	問11 ②	問12 ①	問13 ④	問14 ②	問15 ③
第2問	問16 ①	問17 ④			
第3問	問18 ②	問19 ④	問20 ①		

SCORE	1st TRY	2nd TRY	3rd TRY	CHECK YOUR LEVEL	
	/20点	/20点	/20点	▶ 0 ～ 12 点 ➡ **Work harder!** ▶ 13 ～ 16 点 ➡ **OK!** ▶ 17 ～ 20 点 ➡ **Way to go!**	

口語表現 レベル③

□1	How far is it from here to your school?	こちらからあなたの学校までどのくらいですか?
□2	How long does it take from here to station?	ここから駅までどのくらいかかりますか?
□3	I'll go there with you.	私もあなたと一緒にそこに行くよ。
□4	When will he go back to Japan?	いつ彼は日本に帰るの?
□5	What time does the TV program start?	そのテレビ番組は何時に始まるの?
□6	That'll be fine.	それで結構です。
□7	Wait a minute.	ちょっと待って。
□8	Why do you ask?	どうして聞くの?
□9	Thanks a lot.	どうもありがとう。
□10	My pleasure.	どういたしまして。
□11	I'm hungry.	私はお腹がすいた。
□12	She's out now.	彼女は今外出中です。
□13	Thank you anyway. ＝ Thank you all the same.	とにかくありがとう。
□14	That's too bad.	そりゃ残念だ。
□15	Will you be free tomorrow?	明日暇ですか?
□16	What do you mean by that?	それはどういう意味ですか?
□17	Have you finished your homework yet?	もう宿題が終わったの?
□18	Merry Christmas, Ted. —— Same to you!	テッド,クリスマスおめでとう。 君もね!
□19	Is this your car or his?	これは君の車,それとも彼の?
□20	I'm sorry I'm late.	遅れてすみません。
□21	I have a date today.	今日デートがあるんだ。
□22	Do I have to study hard?	一生懸命勉強しなくてはいけませんか?
□23	How do you feel today?	今日の気分はどうですか?
□24	How about eating lunch at the restaurant?	レストランで食事なんてどうですか?
□25	Will you join us?	一緒にやりませんか?
□26	Will you lend me your pencil?	鉛筆を貸してくれない?
□27	Don't you think so?	あなたもそう思わない?
□28	Hurry up, or you will be late for school.	急がないと学校に遅れるよ。
□29	Kelly has to go to bed early.	ケリーは早く寝なくてはならない。
□30	Would you show me another dress?	違うドレスを見せてもらえますか?
□31	It's up to you.	あなた次第よ。
□32	You had better go to school.	君は学校に行くべきだよ。

☐33	May I have another cup of tea?	お茶をもう１杯もらえますか？
☐34	You look pale.	君，顔が青白いよ。
☐35	Never mind.	何でもないよ。気にしないで。
☐36	Thank you for your kindness.	ご親切にどうもありがとう。
☐37	Which way is the north exit?	北口はどの方向ですか？
☐38	Please show me the way to the store.	お店に行く道を教えてください。
☐39	I don't know what that is.	あれが何なのか私にはわかりません。
☐40	What time is it now in Australia?	オーストラリアでは今何時ですか？
☐41	Have you got the time?	今何時ですか？
☐42	How cute!	なんてかわいいんだろう！
☐43	Congratulations!	おめでとう！
☐44	Well, let me see.	うーん，そうだなー。
☐45	Mary overslept today.	メアリーは今日寝坊した。
☐46	Oh, my god!	大変だ！
☐47	Tom is in trouble.	トムは困っている。
☐48	What's up?	どうしたの？／やあ！
☐49	Watch out!	気をつけて！
☐50	I'll call him again later.	またあとで彼に電話します。
☐51	Just a moment, please.	少々お待ちください。
☐52	Please teach me how to play the piano.	ピアノの弾き方を教えてください。
☐53	What's the matter with your bike?	君のバイクはどうしたんだい？
☐54	You're right.	君の言うとおりだ。
☐55	I caught a cold.	私は風邪をひいた。
☐56	I guess you have the wrong number.	電話番号が間違っていますよ。
☐57	Will you do me a favor?	ちょっと頼みがあるんだけど。
☐58	That sounds good.	そりゃよさそうだ。
☐59	Have a nice weekend.	よい週末を。
☐60	Would you open the window please?	窓を開けてもらえますか？
	—— With pleasure.	喜んで。
☐61	May I speak to Kenji?	（電話で）ケンジに代わってもらえますか？
☐62	Sorry, I'm a stranger here.	すみません，この辺よく知らないんです。
☐63	I'm starving.	お腹がすいて死にそうだよ。
☐64	I can't stand it!	もう，我慢できない！
☐65	Leave me alone!	ほっといてくれ！

単語・熟語リスト

▶ 本書の例題・例文・問題に登場した
重要な単語・熟語をチェック！

▼ Lesson 01　動詞・時制

p.12-13

□	meeting	(名) 会議，会合
□	discuss	(動) 話し合う
□	boyfriend	(名) ボーイフレンド
□	SDGs	(名) 持続可能な開発目標
	= Sustainable	(2030年までに持続
	Development Goals	可能でよりよい世界
		を目指す国際目標)
□	stranger	(名) 見知らぬ人
□	speed	(名) 速度，速さ
□	km/h	(熟) 時速〜キロメートル
	= kilometers per hour	
□	lie	(動) 横たわる
□	lay	(動) 横たえる

p.14

□	relax	(動) リラックスする，くつろぐ
□	balloon	(名) 気球，風船
□	in detail	(熟) 詳細に

p.16

□	by the time S V	(構) S が V するまでに
□	finally	(副) ついに，とうとう
□	as soon as S V	(構) S が V するとすぐに

p.18

□	situation	(名) 情勢，位置，立場
□	seat	(動) 座らせる
□	nicely	(副) きちんと，うまく
□	probably	(副) たぶん
□	piece	(名) 一片，破片

p.20

□	suggest	(動) 提案する
□	advise 〜 to V	(動) 〜に V するよう忠告する，助言する
□	eldest	(形) old の最上級
□	homework	(名) 宿題
□	help A with B	(熟) A の B を手伝う
□	as long as S V	(構) S が V する限り
□	wounded	(形) 負傷した
□	ambulance	(名) 救急車
□	arrive	(動) 到着する
□	at home	(熟) 家で，母国で，くつろいで

p.22

□	design	(名) 形，デザイン
□	fit	(動) (物の大きさが人に) 合う
□	match	(動) (物が物に) 似合う
□	suit	(動) (物が人に) 似合う
□	spend 時間 (in) Ving	(構) V して時間を過ごす

□	at least	(熟) 少なくとも
□	neither	(代) どちらも‥‥でない
□	opposite	(形) 反対側の
□	platform	(名) プラットホーム
□	promise	(動) 約束する
□	grandfather	(名) 祖父
□	collection	(名) 収集
□	rare	(形) 珍しい，まれな
□	publish	(動) 出版する，発行する
□	valuable	(形) 価値のある，高価な

p.24

□	expense	(名) 費用
□	save A B	(構) A の B を省く
□	thank A for B	(構) B のことを A に感謝する
□	pass A B	(構) B を A に渡す
	= pass B to A	
□	silently	(副) 静かに
□	laugh	(動) 笑う
□	realize that S V	(構) S が V するのがわかる
□	keep O C	(構) O を C の状態に保つ

▼ Lesson 02　受動態

p.26-27

□	patient	(名) 患者
□	medicine	(名) 薬
□	bring about 〜	(熟) 〜を引き起こす
□	complete	(形) 完全な
□	recovery	(名) 回復
□	on one's way home	(熟) 〜の帰り道で
□	at the moment	(熟) ちょうど今

p.28-29

□	earthquake	(名) 地震，大変動
□	boss	(名) 上司，支配者
□	outcome	(名) 結果
□	arrival	(名) 到着，到来
□	jar	(名) ビン，つぼ

p.30

□	control	(動) 支配する
□	be said to V	(構) V すると言われている
□	allow 〜 to V	(構) 〜が V するのを許す
□	printing	(名) 印刷 (術)
□	invent	(動) 発明する

p.32

□	fashionable	(形) 流行の
□	subway	(名) 地下鉄
□	complete	(動) 完了する，完成する
□	if S V	(構) S が V するならば
□	sunglasses	(名) サングラス
□	circulate	(動) 循環する
□	discover	(動) 発見する
□	according to 〜	(熟) 〜によると

☐	the United Nations	(名)	国連
☐	agreement	(名)	協定
☐	uphold	(動)	支持する
☐	look at ～	(熟)	～を見る

p.34

☐	that's why S V	(構)	そういうわけで S は V する
☐	look up to ～	(熟)	～を尊敬する
☐	colleague	(名)	同僚
☐	behavior	(名)	振る舞い，行動
☐	angry	(形)	怒って
☐	embarrass	(動)	まごつかせる
☐	nervous	(形)	神経質な
☐	impatient	(形)	我慢できない
☐	motorbike	(名)	バイク
☐	for the time being	(熟)	当分の間
☐	for a long time	(熟)	長い間
☐	cut ～ down	(熟)	～を切り倒す

p.36

☐	sweep	(動)	掃く
☐	generation	(名)	世代
☐	significant	(形)	重要な
☐	unaffected	(形)	動かされない，動かない
☐	take care of ～	(熟)	～の世話をする
☐	disturb	(動)	邪魔する

p.38

☐	it seems that S V	(構)	S が V するように思える
☐	be pleased with ～	(熟)	～に満足している
☐	rumor	(名)	うわさ
☐	feel O to be C	(熟)	O が C であると感じる
☐	all over the world	(熟)	世界中
☐	male	(形)	男性の
☐	customer	(名)	客
☐	require ～ to V	(動)	～が V するのを要求する
☐	when S V	(構)	S が V するとき
☐	restaurant	(名)	レストラン

▼ Lesson 03 不定詞

p.40-41

☐	thirsty	(形)	のどの渇いた
☐	heal	(動)	～を癒す，～を治す
☐	sorrow	(名)	悲しみ，苦労，遺憾
☐	make a decision	(熟)	決断する
☐	foolish	(形)	愚かな

p.42-43

☐	before dark	(熟)	暗くなる前に
☐	slave	(名)	奴隷
☐	government	(名)	政府
☐	public opinion	(名)	世論
☐	prepare	(動)	～を準備する
☐	cancel	(動)	～を中止する
☐	app	(名)	アプリ
☐	edit	(動)	～を編集する，～を手直しする
☐	easily	(副)	簡単に，気楽に

p.44

☐	be about to V = be on the point of Ving	(熟)	今にも V しようとしている
☐	be glad to V	(熟)	V して嬉しい
☐	whenever S V	(構)	S が V するときはいつでも
☐	determine to V = decide to V = make up one's mind to V	(動)	V すると決心する
☐	accept	(動)	受け入れる
☐	offer	(名)	申し出
☐	hesitate to V	(動)	V するのをためらう
☐	remember to V	(動)	忘れずに V する
☐	remember Ving	(動)	V したのを覚えている
☐	goldfish	(名)	金魚

p.46

☐	tell ～ to V	(動)	～に V するように言う
☐	health	(名)	健康
☐	cause ～ to V	(動)	～に V させる
☐	would like ～ to V = want ～ to V	(熟)	～に V してほしい
☐	happen	(動)	起こる
☐	foolish	(形)	愚かな
☐	storm	(名)	嵐
☐	turn out	(熟)	(電気を) 消す
☐	survive	(動)	生き残る
☐	operation	(名)	手術
☐	pneumonia	(名)	肺炎
☐	..... only to V	(熟)	‥‥‥そして結局 V する
☐	..... never to V	(熟)	‥‥‥そして決して V しない

p.48

☐	luggage	(名)	手荷物
☐	have ～ V	(動)	～に V させる，～に V してもらう
☐	make ～ V	(動)	～に V させる
☐	let ～ V	(動)	～に V させてやる
☐	article	(名)	記事
☐	shrine	(名)	神社
☐	it is ... (for ～) to V	(構)	(～が) V するのは …だ
☐	translator	(名)	翻訳家
☐	impossible	(形)	不可能な
☐	find O C	(動)	O が C だとわかる
☐	university	(名)	大学

p.50

☐	so as to V = in order to V	(熟)	V するために
☐	have no choice but to V = have no alternative but to V	(熟)	V せざるをえない
☐	modern	(形)	現代的な，近代の

☐ technology	(名)科学技術	☐ classical	(形)クラシックの, 古典的な
☐ enable ～ to V	(構)～がVするのを可能にする	☐ severe	(形)深刻な, 厳しい
☐ dial	(名)ダイヤル	☐ shortage	(名)不足
☐ go abroad	(熟)海外に行く	☐ give up Ving	(動)Vするのをあきらめる, やめる
☐ afford to V	(熟)Vする余裕がある	☐ occasionally	(副)時々
p.52		☐ economize	(動)節約する
☐ don't fail to V	(熟)必ずVしてください	☐ avoid Ving	(動)Vするのを避ける
☐ betray	(動)裏切る	☐ travel	(動)旅行する
☐ so ... as to V = ... enough to V	(熟)Vするほどに…	☐ narrowly	(副)やっと, かろうじて
☐ German	(名)ドイツ語	☐ escape Ving	(動)Vすることからのがれる
☐ to say nothing of ～	(熟)～は言うまでもなく	☐ run over ～	(熟)(車が)～をひく
☐ needless to say	(熟)言うまでもなく	☐ stop Ving	(動)Vするのをやめる
☐ appointment	(名)約束	☐ stop to V	(動)止まってVする
☐ make it a rule to V = make it a habit to V	(熟)いつもVすることにしている	☐ Would you mind Ving ?	(構)Vしていただけませんか?
▼ 中間テスト①(Lesson 01-03)		☐ upstairs	(副)階上へ
p.54-55		**p.68**	
☐ final	(形)最後の	☐ admit Ving	(動)Vすることを認める
☐ exam	(名)試験, テスト	☐ regret Ving	(動)Vしたことを後悔する
☐ plenty of ～	(熟)たくさんの～	☐ regret to V	(動)残念ながらVする
☐ coast	(名)海岸	☐ try to V	(動)Vしようとする
☐ exercise	(名)運動	☐ try Ving	(動)Vしてみる
☐ as ... as ～ can	(熟)できるだけ…	☐ skate	(動)スケートをする
☐ miss a train	(熟)電車に乗り遅れる	☐ be afraid of ～	(熟)～を恐れる
☐ correct	(動)訂正する	☐ part-time	(副)パートタイムで
☐ presentation	(名)発表	☐ husband	(名)夫
☐ purple	(形)紫色の	☐ when it comes to Ving	(熟)Vすることとなれば
☐ write down	(熟)書き取る	**p.70**	
☐ forget	(動)忘れる	☐ Spain	(名)スペイン
☐ fall	(名)下落, 降下	☐ be used to Ving	(熟)Vするのに慣れている
☐ value	(名)価値	☐ used to V	(熟)かつてVしたものだ
☐ export	(動)輸出する	☐ be used to V	(熟)Vするために使われる
☐ suppose	(動)想定する	☐ look forward to Ving	(熟)Vするのを楽しみに待つ
p.56		☐ feel like Ving	(熟)Vしたい気がする
☐ make a mistake	(熟)間違う	☐ be worth Ving	(熟)Vする価値がある
☐ broken-hearted	(形)悲嘆にくれた	☐ participant	(名)参加者
☐ set out	(熟)出発する	☐ make an effort	(熟)努力する
☐ journey	(名)旅	☐ cannot help Ving = cannot but V = cannot help but V	(熟)Vせざるをえない
▼ Lesson 04 動名詞		☐ admire	(動)賞賛する
p.62-63		☐ the Olympics	(名)オリンピック
☐ get used to Ving	(熟)Vするのに慣れる	☐ have trouble (in) Ving = have difficulty (in) Ving	(熟)Vするのに苦労する
☐ snack	(名)スナック菓子, 軽食		
☐ maintain	(動)～を維持する		
☐ injure	(動)～に怪我をさせる, ～を傷つける	**p.72**	
☐ accident	(名)事故	☐ be busy (in) Ving	(熟)Vするのに忙しい
p.64		☐ prepare for ～	(熟)～に備えて準備する
☐ turn off	(熟)(明かり, テレビ, ラジオを)消す	☐ there is no Ving	(熟)Vすることはできない
☐ lasagna	(名)ラザニア	☐ ever since ～	(熟)(～以来)ずっと
p.66		☐ come back	(熟)戻る, 帰る
☐ enjoy Ving	(動)Vするのを楽しむ		

☐ project	(名)計画, 企画	

p.74

☐ impress	(動)印象づける, 感動させる	
☐ beauty	(名)美, 美しさ	
☐ never V1 without V2ing	(熟)V1すれば必ずV2する	
☐ keep from Ving	(熟)Vするのを控える	
☐ prevent ~ (from) Ving	(熟)~がVすることを妨げる	
☐ marry	(動)結婚する	
☐ salary	(名)給料	
☐ low	(形)低い	
☐ it is no use Ving	(構)Vしても無駄だ	
☐ argue	(動)議論する	

▼ Lesson 05 分詞

p.76-77

☐ magician	(名)マジシャン, 魔術師	
☐ performance	(名)パフォーマンス, 演技, 遂行	
☐ flight	(名)飛行	
☐ arm	(名)腕	

p.78-79

☐ have ~ Vpp	(構)~をVされる[してもらう]	
☐ organize	(動)整理する	

p.80

☐ bishop	(名)司教	
☐ diplomat	(名)外交官	
☐ shake hands with ~	(熟)~と握手する	
☐ moon	(名)月	
☐ mountain	(名)山	
☐ shine	(動)輝く	
☐ catch ~ Ving	(熟)~がVしているのを見つける	
☐ conversation	(名)会話	

p.82

☐ dress	(動)服を着せる	
☐ mention	(動)言及する, 言う	
☐ notice	(動)気づく	
☐ air conditioner	(名)エアコン	
☐ noise	(名)音, 騒音	
☐ invite	(動)招待する	
☐ museum	(名)美術館	
☐ questionable	(形)疑わしい	
☐ acquire	(動)獲得する	

p.84

☐ excite	(動)興奮させる	
☐ look C	(動)Cに見える	
☐ son	(名)息子	
☐ absence	(名)不在, 欠席	
☐ all ~ have to do is (to) V	(熟)~はVしさえすればよい	
☐ get dressed	(熟)着飾る	

☐ in order to V	(熟)Vするために	
☐ keep C	(動)Cのままでいる	
☐ as ... as possible	(熟)できるだけ…	
☐ get O C	(動)OをCにする	
☐ waiting room	(名)待合室	
☐ quickly	(副)早く, 急いで	

p.86

☐ engine	(名)エンジン	
☐ unconscious	(形)意識を失った	
☐ soothe	(動)なだめる	
☐ disappoint	(動)失望させる, がっかりさせる	
☐ physically	(副)物理学的に, 身体的に	
☐ handicapped	(形)(身体, 精神的に)障害のある	
☐ decay	(動)虫歯になる, 腐る	
☐ dental	(形)歯の	
☐ surgeon	(名)外科医	
☐ pull	(動)抜く, 引く	

p.88

☐ tool	(名)道具	
☐ leave O C	(動)OをCのままにしておく	
☐ steal	(動)盗む	
☐ participate in ~	(動)~に参加する	
☐ be free to V	(熟)自由にVする	
☐ interview	(名)面接, インタビュー	

▼ Lesson 06 分詞構文

p.90-91

☐ from a distance	(熟)離れて, 遠くから	
☐ look like ~	(熟)~のように見える	
☐ unusually	(副)非常に, 珍しく	
☐ postpone	(動)~を延期する	
☐ low	(形)低い, 安い	
☐ smartphone	(名)スマートフォン	

p.92

☐ worker	(名)労働者	
☐ save	(動)救う, 省く, 貯める	
☐ drown	(動)溺れる	
☐ convenient	(形)便利な	
☐ locate	(動)(建物を)置く	
☐ tent	(名)テント	
☐ on business	(熟)仕事で	

p.94

☐ all day long	(熟)1日中	
☐ paperback	(名)紙表紙本, 文庫本	
☐ college	(名)大学	
☐ utter	(動)(声などを)口から出す	
☐ cactus	(名)サボテン	
☐ fireman	(名)消防士	
☐ urge	(動)しきりに促す	
☐ crowd	(名)群衆	
☐ accordingly	(副)したがって	

☐ of late	(熟) 最近	☐ all the 比較級 for ~ [because S V]	
☐ several	(形) いくつかの		(構) ~ [S は V] なので
☐ hunger	(名) 飢え		ますます…

p.132

☐ suffer	(動) 苦しむ, 悩む	☐ no less than ~	(熟) ~も
☐ urgent	(形) 緊急の	= as many[much] as ~	
☐ those who V	(構) V する人々	☐ no more than ~	(熟) ~しか
☐ wonder	(動) ~かしらと思う	= only ~	
☐ affection	(名) 愛情	☐ 倍数 [分数] as ... as ~	
☐ what has become of ~ ?			(構) ~の□倍…だ
	(熟) ~はどうなったか?	☐ flavor	(名) 味, 風味

▼ Lesson 08　比較

p.124-125

☐ expect	(動) ~することを	☐ inferior	(形) 劣った, 下級の
	予想する	☐ superior	(形) 優れた
☐ classic	(形) 古典の, 典型的な	☐ quality	(名) 質
☐ modern	(形) 現代の, 近代的な	☐ facility	(名) 施設, 設備
☐ amusement park	(名) 遊園地	☐ same	(形) 同じ
☐ choir	(名) 合唱団, 聖歌隊	☐ Britain	(名) 英国
☐ 比較級 than any other ~		☐ impressive	(形) 印象深い
	(構) 他のどんな~よりも…	☐ to say the least	(熟) 控えめに言っても

p.126-127

		☐ writer	(名) 作家, 書き手
☐ population	(名) 人口	☐ journalist	(名) 新聞記者,
☐ 倍数詞 as ... as ~	(構) ~の□倍…だ		報道関係者
☐ twice	(副) 2倍, 2度	☐ scholar	(名) 学者
☐ half	(副) 1/2, 半分	☐ A rather than B	(構) B というよりもむしろ A
☐ salary	(名) 給料	= not so much B as A	
☐ CEO	(名) 最高経営責任者		

p.134

= chief executive		☐ actress	(名) 女優
officer		☐ know better than to V	(熟) V しないくらいの
☐ forest	(名) 森, 山林		分別はある
☐ entire national park	(名) 国立公園	☐ simply	(副) 単に, 簡単に
☐ latest	(形) 最新の, 最近の	☐ exciting	(形) わくわくする

p.128

		☐ film	(名) 映画
☐ fiction	(名) 小説	☐ important	(形) 重要な
☐ rainfall	(名) 降水量	☐ respect	(動) 尊敬する

p.136

☐ toy	(名) おもちゃ	☐ less than ~	(熟) ~よりも少ない
☐ choose	(動) 選ぶ	☐ audition	(名) オーディション, 聴力
☐ 比較級 than any other 単数名詞		☐ shake	(動) ぐらつかせる, 振る
	(構) 他のどんな~よりも…	☐ resolution	(名) 決心
☐ one of the 最上級 複数名詞		☐ no more ... than ~	(構) ~でないのと同様に
	(構) 最も…なものの		…ではない
	中の1つ	☐ no less ... than ~	(構) ~と同様に…である

p.130

		☐ pleasant	(形) 楽しい, 好ましい
☐ wild	(形) 野生的な	☐ autumn	(名) 秋
☐ wolf	(名) 狼	☐ 否定語 as[so] ... as ~	(構) ~ほど…なものはない
☐ as 原級の形容詞 [副詞] as ~		☐ require	(動) 必要とする
	(構) ~と同じくらい…	☐ electric	(形) 電気の
☐ the 最上級 ~ (that) S have ever Vpp		**▼ Lesson 09　仮定法**	

p.139

	(構) これまでに S が V	☐ disappear	(動) 消える
	した中で一番…な~		
☐ the 比較級 S1 V1, the 比較級 S2 V2		☐ what would become of ~ ?	
	(構) …に S1 が V1 するほど,		(構) ~はどうなりますか?
	…に S2 は V2 する	☐ lottery	(名) 宝くじ, 運

付録

単語・熟語リスト

☐ apply for ～	(熟)	～を志願する
☐ position	(名)	立場，位置
☐ forgive	(動)	許す
☐ betrayal	(名)	裏切り
☐ follow	(動)	従う，後についていく
☐ succeed	(動)	成功する

p.144

☐ wet	(形)	濡れた
☐ electronics	(名)	電子工学
☐ expert	(名)	専門家
☐ as if S V	(構)	S が V かのごとく
☐ were it not for ～	(構)	現在～がないならば
= if it were not for ～		
= but for ～		
= without ～		
☐ entrance	(名)	入学，入口
☐ if it had not been for ～		
= had it not been for ～	(構)	過去に～が
= but for ～		なかったならば
= without ～		

p.146

☐ otherwise	(副)	さもなければ，その他の点で，別の方法で
☐ fail	(動)	(試験に) 落ちる，失敗する
☐ assignment	(名)	宿題，割り当て，課題
☐ early	(副)	早く
☐ financial	(形)	財政的な
☐ carry out	(熟)	実行する
☐ housework	(名)	家事

p.148

☐ propose	(動)	提案する
☐ recommend	(動)	勧める
☐ professor	(名)	教授
☐ feel	(動)	感じる
☐ downtown	(副)	中心街で [に]，商業地区で [に]
☐ empty	(形)	空の
☐ building	(名)	建物

p.150

☐ kindness	(名)	親切
☐ die	(動)	死ぬ
☐ insist	(動)	主張する

▼ Lesson 10　その他

p.153

☐ unicycle	(名)	一輪車

p.154-155

☐ quite	(副)	かなり，割に
☐ repairing	(名)	修理，回復
☐ service charge	(名)	手数料，サービス料
☐ system	(名)	システム，仕組み
☐ board	(動)	搭乗する，乗り込む

☐ lawyer	(名)	弁護士，法律家
☐ job interview	(名)	面接

p.156

☐ another	(代)	もう1つ
☐ by	(前)	～までに (‥‥‥してしまう) (完了)
☐ until [till]	(前)	～まで (ずっと‥‥‥している) (継続)

p.158

☐ what do you think of ～ ?	(構)	～をどう思いますか？
☐ what is ～ like ?	(構)	～はどのようなものですか？
☐ accompany	(動)	同行する
☐ charming	(形)	魅力的な
☐ be under construction	(熟)	建設中である，工事中である

p.160

☐ lazy	(形)	怠惰な
☐ nor 助動詞 [be動詞] S	(構)	S もまた‥‥‥ない
☐ complain	(動)	不平を言う

p.162

☐ every ～	(形)	～おき，～ごと
☐ pay	(動)	支払う
☐ fare	(名)	運賃
☐ cost	(名)	費用
☐ bill	(名)	請求書
☐ fee	(名)	(専門的な) サービス料金
☐ charge	(名)	(一般的な) サービス料金
☐ hardly	(副)	ほとんど‥‥‥ない
☐ information	(名)	情報
☐ learn	(動)	習う，学ぶ

p.164

☐ whether S V (or not)	(構)	名詞節：S が V するかどうか
	(構)	副詞節：S が V しようとしまいと
☐ bring	(動)	連れてくる，もたらす
☐ it will not be long before S V	(構)	まもなく S は V するだろう
☐ delay	(名)	延期
☐ result	(名)	結果
☐ tell[show] 人 the way	(構)	人に道を教える

▼ 中間テスト③ (Lesson 07-10)

p.166-167

☐ be different from ～	(熟)	～と異なっている
☐ recently	(副)	最近
☐ go back to ～	(熟)	～に戻る
☐ 否定文, much less	(構)	ましてや‥‥‥はそうではない
☐ suggestion	(名)	提案

☐	chaotic	(形)混沌とした	
☐	composition	(名)作文	
☐	gym	(名)体育館	

p.168

☐	castle	(名)城	
☐	precious	(形)貴重な	
☐	support	(名)支持	

MEMO

【訂正のお知らせはコチラ】
　本書の内容に万が一誤りがございました場合は, 東進 WEB 書店 (https://www.toshin.com/books/) の本書ページにて随時お知らせいたしますので, こちらをご確認ください。☞

大学受験　レベル別問題集シリーズ

英文法レベル別問題集③ 標準編【3訂版】

発行日：2023年　12月 25日　　初版発行
　　　　2024年　 4月 17日　　第2版発行

　　著者：**安河内哲也**
　　発行者：**永瀬昭幸**

　編集担当：山村帆南
　発行所：株式会社ナガセ
　　　　　〒180-0003 東京都武蔵野市吉祥寺南町 1-29-2
　　　　　出版事業部（東進ブックス）
　　　　　TEL：0422-70-7456 ／ FAX：0422-70-7457
　　　　　URL：http://www.toshin.com/books（東進 WEB 書店）
　　　　　※本書を含む東進ブックスの最新情報は東進WEB書店をご覧ください。

　制作協力：株式会社ティーシーシー （江口里菜）
　編集協力：木下千尋　田中遼　松本六花　吉田美涼
　校閲協力：Mark Wujek
　DTP・装丁：東進ブックス編集部
　印刷・製本：日経印刷株式会社

合格の秘訣1 全国屈指の実力講師陣

東進の実力講師陣 数多くのベストセラー参考書を執筆!!

東進ハイスクール・
東進衛星予備校では、
そうそうたる講師陣が君を熱く指導する!

　本気で実力をつけたいと思うなら、やはり根本から理解させてくれる一流講師の授業を受けることが大切です。東進の講師は、日本全国から選りすぐられた大学受験のプロフェッショナル。何万人もの受験生を志望校合格へ導いてきたエキスパート達です。

英語

本物の英語力をとことん楽しく!日本の英語教育をリードするMr.4Skills.

安河内 哲也先生
[英語]

100万人を魅了した予備校界のカリスマ。抱腹絶倒の名講義を見逃すな!

今井 宏先生
[英語]

爆笑と感動の世界へようこそ。「スーパー速読法」で難解な長文も速読即解!

渡辺 勝彦先生
[英語]

雑誌『TIME』やベストセラーの翻訳も手掛け、英語でその名を馳せる実力講師。

宮崎 尊先生
[英語]

いつのまにか英語を得意科目にしてしまう、情熱あふれる絶品授業!

大岩 秀樹先生
[英語]

全世界の上位5%(PassA)に輝く、世界基準のスーパー実力講師!

武藤 一也先生
[英語]

関西の実力講師が、全国の東進生に「わかる」感動を伝授。

慎 一之先生
[英語]

数学

数学を本質から理解し、あらゆる問題に対応できる力を与える珠玉の名講義!

志田 晶先生
[数学]

論理力と思考力を鍛え、問題解決力を養成。多数の東大合格者を輩出!

青木 純二先生
[数学]

「ワカル」を「デキル」に変える新しい数学は、君の思考力を刺激し、数学のイメージを覆す!

松田 聡平先生
[数学]

予備校界を代表する講師による魔法のような感動講義を東進で!

河合 正人先生
[数学]

国語

「脱・字面読み」トレーニングで、「読む力」を根本から改革する！

輿水 淳一先生
[現代文]

明快な構造板書と豊富な具体例で必ず君を納得させる！「本物」を伝える現代文の新鋭。

西原 剛先生
[現代文]

東大・難関大志望者から絶大なる信頼を得る本質の指導を追究。

栗原 隆先生
[古文]

ビジュアル解説で古文を簡単明快に解き明かす実力講師。

富井 健二先生
[古文]

縦横無尽な知識に裏打ちされた立体的な授業で、グングン引き込まれる！

三羽 邦美先生
[古文・漢文]

幅広い教養と明解な具体例を駆使した緩急自在の講義。漢文が身近になる！

寺師 貴憲先生
[漢文]

文章で自分を表現できれば、受験も人生も成功できます。「笑顔と努力」で合格を！

石関 直子先生
[小論文]

理科

正しい道具の使い方で、難問が驚くほどシンプルに見えてくる！

宮内 舞子先生
[物理]

化学現象を疑い化学全体を見通す"伝説の講義"は東大理三合格者も絶賛。

鎌田 真彰先生
[化学]

「なぜ」をとことん追究し「規則性」「法則性」が見えてくる大人気の授業！

立脇 香奈先生
[化学]

「いきもの」をこよなく愛する心が君の探究心を引き出す！生物の達人。

飯田 高明先生
[生物]

地歴公民

歴史の本質に迫る授業と、入試頻出の「表解板書」で圧倒的な信頼を得る！

金谷 俊一郎先生
[日本史]

つねに生徒と同じ目線に立って、入試問題に対する的確な思考法を教えてくれる。

井之上 勇先生
[日本史]

"受験世界史に荒巻あり"と言われる超実力人気講師！世界史の醍醐味を。

荒巻 豊志先生
[世界史]

世界史を「暗記」科目だなんて言わせない。正しく理解すれば必ず伸びることを一緒に体感しよう。

加藤 和樹先生
[世界史]

どんな複雑な歴史も難問も、シンプルな解説で本質から徹底理解できる。

清水 裕子先生
[世界史]

わかりやすい図解と統計の説明に定評。

山岡 信幸先生
[地理]

政治と経済のメカニズムを論理的に解明しながら、入試頻出ポイントを明確に示す。

清水 雅博先生
[公民]

「今」を知ることは「未来」の扉を開くこと。受験に留まらず、目標を高く、そして強く持て！

執行 康弘先生
[公民]

映像による IT 授業を駆使した最先端の勉強法

高速学習

一人ひとりの レベル・目標にぴったりの授業

東進はすべての授業を映像化しています。その数およそ1万種類。これらの授業を個別に受講できるので、一人ひとりのレベル・目標に合った学習が可能です。1.5倍速受講ができるほか自宅からも受講できるので、今までにない効率的な学習が実現します。

1年分の授業を 最短2週間から1カ月で受講

従来の予備校は、毎週1回の授業。一方、東進の高速学習なら毎日受講することができます。だから、1年分の授業も最短2週間から1カ月程度で修了可能。先取り学習や苦手科目の克服、勉強と部活との両立も実現できます。

現役合格者の声

東京大学 文科一類
早坂 美玖さん
東京都 私立 女子学院高校卒

　私は基礎に不安があり、自分に合ったレベルから対策ができる東進を選びました。東進では、担任の先生との面談が頻繁にあり、その都度、学習計画について相談できるので、目標が立てやすかったです。

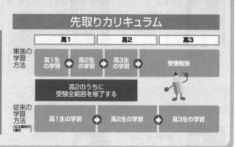

先取りカリキュラム

目標まで一歩ずつ確実に

スモールステップ・ パーフェクトマスター

自分にぴったりのレベルから学べる 習ったことを確実に身につける

高校入門から最難関大までの12段階から自分に合ったレベルを選ぶことが可能です。「簡単すぎる」「難しすぎる」といったことがなく、志望校へ最短距離で進みます。
　授業後すぐに確認テストを行い内容が身についたかを確認し、合格したら次の授業に進むので、わからない部分を残すことはありません。短期集中で徹底理解をくり返し、学力を高めます。

現役合格者の声

東北大学 工学部
関 響希くん
千葉県立 船橋高校卒

　受験勉強において一番大切なことは、基礎を大切にすることだと学びました。「確認テスト」や「講座修了判定テスト」といった東進のシステムは基礎を定着させるうえでとても役立ちました。

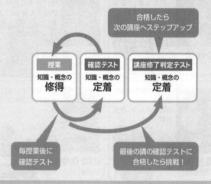

パーフェクトマスターのしくみ

徹底的に学力の土台を固める

高速マスター基礎力養成講座

高速マスター基礎力養成講座は「知識」と「トレーニング」の両面から、効率的に短期間で基礎学力を徹底的に身につけるための講座です。英単語をはじめとして、数学や国語の基礎項目も効率よく学習できます。オンラインで利用できるため、校舎だけでなく、スマートフォンアプリで学習することも可能です。

現役合格者の声

早稲田大学 基幹理工学部
曽根原 和奏さん
東京都立 立川国際中等教育学校卒

演劇部の部長と両立させながら受験勉強をスタートさせました。「高速マスター基礎力養成講座」はおススメです。特に英単語は、高3になる春までに完成させたことで、その後の英語力の自信になりました。

東進公式スマートフォンアプリ
東進式マスター登場！
（英単語／英熟語／英文法／基本例文）

スマートフォンアプリでスキマ時間も徹底活用！

1）スモールステップ・パーフェクトマスター！
頻出度（重要度）の高い英単語から始め、1つのSTAGE（計100語）を完全修得すると次のSTAGEに進めるようになります。

2）自分の英単語力が一目でわかる！
トップ画面に「修得語数・修得率」をメーター表示。自分が今何語修得しているのか、どこを優先的に学習すべきなのか一目でわかります。

3）「覚えていない単語」だけを集中攻略できる！
未修得の単語、または「My単語（自分でチェック登録した単語）」だけをテストする出題設定が可能です。
すでに覚えている単語を何度も学習するような無駄を省き、効率良く単語力を高めることができます。

共通テスト対応 英単語1800
共通テスト対応 英熟語750
英文法 750
英語基本例文300

「共通テスト対応英単語1800」2023年共通テストカバー率99.8%！

君の合格力を徹底的に高める

志望校対策

第一志望校突破のために、志望校対策にどこよりもこだわり、合格力を徹底的に極める質・量ともに抜群の学習システムを提供します。従来からの「過去問演習講座」に加え、AIを活用した「志望校別単元ジャンル演習講座」、「第一志望校対策演習講座」で合格力を飛躍的に高めます。東進が持つ大学受験に関するビッグデータをもとに、個別対応の演習プログラムを実現しました。限られた時間の中で、君の得点力を最大化します。

現役合格者の声

京都大学 法学部
山田 悠雅くん
神奈川県 私立 浅野高校卒

「過去問演習講座」には解説授業や添削指導があるので、とても復習がしやすかったです。「志望校別単元ジャンル演習講座」では、志望校の類似問題をたくさん演習できるので、これで力がついたと感じています。

大学受験に必須の演習
過去問演習講座

1. 最大10年分の徹底演習
2. 厳正な採点、添削指導
3. 5日以内のスピード返却
4. 再添削指導で着実に得点力強化
5. 実力講師陣による解説授業

東進×AIでかつてない志望校対策
志望校別単元ジャンル演習講座

過去問演習講座の実施状況や、東進模試の結果など、東進で活用したすべての学習履歴をAIが総合的に分析。学習の優先順位をつけ、志望校別に「必勝必達演習セット」として十分な演習問題を提供します。問題は東進が分析した、大学入試問題の膨大なデータベースから提供されます。苦手を克服し、一人ひとりに適切な志望校対策を実現する日本初の学習システムです。

志望校合格に向けた最後の切り札
第一志望校対策演習講座

第一志望校の総合演習に特化し、大学が求める解答力を身につけていきます。対応大学は校舎にお問い合わせください。

東進模試

申込受付中
※お問い合わせ先は付録7ページをご覧ください。

学力を伸ばす模試

本番を想定した「厳正実施」
統一実施日の「厳正実施」で、実際の入試と同じレベル・形式・試験範囲の「本番レベル」模試。
相対評価に加え、絶対評価で学力の伸びを具体的な点数で把握できます。

12大学のべ42回の「大学別模試」の実施
予備校界随一のラインアップで志望校に特化した"学力の精密検査"として活用できます(同日・直近日体験受験を含む)。

単元・ジャンル別の学力分析
対策すべき単元・ジャンルを一覧で明示。学習の優先順位がつけられます。

最短中5日で成績表返却　WEBでは最短中3日で成績を確認できます。※マーク型の模試のみ

合格指導解説授業　模試受験後に合格指導解説授業を実施。重要ポイントが手に取るようにわかります。

2023年度
東進模試 ラインアップ

共通テスト対策
■ 共通テスト本番レベル模試　全4回
■ 全国統一高校生テスト　〈全学年統一部門〉〈高2生部門〉〈高1生部門〉　全2回

同日体験受験
■ 共通テスト同日体験受験　全1回

記述・難関大対策
■ 早慶上理・難関国公立大模試　全5回
■ 全国有名国公私大模試　全5回
■ 医学部82大学判定テスト　全2回

基礎学力チェック
■ 高校レベル記述模試　〈高2〉〈高1〉　全2回
■ 大学合格基礎力判定テスト　全4回
■ 全国統一中学生テスト　〈全学年統一部門〉〈中2生部門〉〈中1生部門〉　全2回
■ 中学学力判定テスト　〈中2生〉〈中1生〉　全4回

※ 2023年度に実施予定の模試は、今後の状況により変更する場合があります。
最新の情報はホームページでご確認ください。

大学別対策
■ 東大本番レベル模試　全4回
■ 高2東大本番レベル模試　全4回
■ 京大本番レベル模試　全4回
■ 北大本番レベル模試　全2回
■ 東北大本番レベル模試　全2回
■ 名大本番レベル模試　全3回
■ 阪大本番レベル模試　全3回
■ 九大本番レベル模試　全3回
■ 東工大本番レベル模試　全2回
■ 一橋大本番レベル模試　全2回
■ 神戸大本番レベル模試　全2回
■ 千葉大本番レベル模試　全1回
■ 広島大本番レベル模試　全1回

同日体験受験
■ 東大入試同日体験受験　全1回
■ 東北大入試同日体験受験　全1回
■ 名大入試同日体験受験　全1回

直近日体験受験　各1回

| 京大入試 直近日体験受験 | 北大入試 直近日体験受験 | 阪大入試 直近日体験受験 |
| 九大入試 直近日体験受験 | 東工大入試 直近日体験受験 | 一橋大入試 直近日体験受験 |

2023年 東進現役合格実績
難関大グループ現役合格史上最高続出！

東大現役合格実績日本一※1 5年連続800名超！

現役生のみ！講習生を含ます！

※1 2022年の東大現役合格実績を公表している予備校の中で東進の853名が最大（2022年JDnet調べ）。

東大845名

文科一類 121名		理科一類 311名
文科二類 111名		理科二類 126名
文科三類 107名		理科三類 38名
		学校推薦 31名

現役合格者の36.9%が東進生！

東京大学 現役合格おめでとう!!

撮影時のみマスクを外しています

東進生現役占有率 845/2,284 **36.9%**

全現役合格者（前期＋推薦）に占める東進生の割合
2023年の東大全体の現役合格者は2,284名。東進の現役合格者は845名。東進生の占有率は36.9%。現役合格者の2.8人に1人が東進生です。

学校推薦型選抜も東進！
東大31名 東進生現役占有率36.4%
現役推薦合格者の36.4%が東進生！

法学部	5名	薬学部	1名
経済学部	3名	医学部医学科の	
文学部	1名	75.0%が東進生！	
教養学部	2名	医学部医学科	3名
工学部	10名	医学部	
理学部	3名	健康総合科学科	1名
農学部	2名		

医学部も東進 日本一※2 の実績を更新!!
※2 2022年の国公立大・医学部医学科実績を公表している予備校の中で東進の1,032名が最大（2022年JDnet調べ）。

国公立医・医 1,064名 昨対+32名

2023年の国公立大学医学部医学科全体の現役合格者は未公表のため、仮に昨年の現役合格者数（推定）を分母として東進生占有率を算出すると、東進生の占有率は29.4%。現役合格者の3.4人に1人が東進生です。

東進生現役占有率 **29.4%**

1,064名 史上最高！ 現役生のみ！講習生を含ます！
987名 1,032名
'21 '22 '23

早慶 5,741名 昨対+63名
早稲田大 3,523名 慶應義塾大 2,218名

上理4,687名 昨対+394名
上智大 1,739名
東京理科大 2,948名
4,687名 史上最高！
'21 '22 '23

明青立法中 17,520名 昨対+492名
明治大 5,294名 中央大 2,905名
青山学院大 2,216名 立教大 2,912名 法政大 4,193名
17,520名 史上最高！
'21 '22 '23

関関同立 13,655名 昨対+1,022名
関西学院大 2,861名
関西大 2,918名
同志社大 3,178名
立命館大 4,698名
13,655名 史上最高！ 現役生のみ！
'21 '22 '23

私立医・医 727名 昨対+101名
727名 史上最高！ 現役生のみ！
604名 626名
'21 '22 '23

日東駒専 10,945名 昨対+934名 史上最高！

産近甲龍 6,217名 昨対+132名 史上最高！

国公立大 17,154名 昨対+652名 史上最高！
17,154名
'21 '22 '23

旧七帝大 ＋東工大・一橋大・神戸大
4,703名 昨対+91名

東京大	845名
京都大	472名
北海道大	468名
東北大	417名
名古屋大	436名
大阪大	617名
九州大	507名
東京工業大	198名
一橋大	195名
神戸大	548名

4,703名 史上最高！ 現役生のみ！講習生を含ます！
4,366名 4,612名
'21 '22 '23

国公立 総合・学校推薦型選抜も東進！

国公立医・医 318名 昨対+16名
旧七帝大 ＋東工大・一橋・神戸大 446名 昨対+31名

東京大	31名
京都大	16名
北海道大	13名
東北大	120名
名古屋大	92名
大阪大	59名
九州大	41名
東京工業大	25名
一橋大	7名
神戸大	42名

318名 史上最高！ 現役生のみ！
302名 287名
'21 '22 '23

446名 史上最高！
415名 356名
'21 '22 '23

ウェブサイトでもっと詳しく
東進 [検索]

2023年3月31日締切

付録 **6**

各大学の合格実績は、東進ネットワーク（東進ハイスクール、東進衛星予備校、早稲田塾）の現役生のみ、高3時在籍者のみの合同実績です。一人で複数合格した場合は、それぞれの合格者数に計上しています。